Este libro pertenece a:

El libro de los MONSTRUOS

algarabía
niños

ALFAGUARA

El libro de los monstruos

Primera edición: noviembre de 2018

D. R. © 2018, Carlos Bautista Rojas y Mariana Rodríguez Jurado
D. R. © 2018, Penguin Random House Grupo Editorial, S. A. de C. V.
D. R. © 2018, Editorial Otras Inquisiciones, S. A. de C. V.
D. R. © 2018, María del Pilar Montes de Oca Sicilia

D. R. © 2018, derechos de edición mundiales en lengua castellana:
Editorial Otras Inquisiciones, S. A. de C. V.
Pitágoras núm. 736, 1er piso
colonia Del Valle, delegación Benito Juárez, C. P. 03100,
Ciudad de México, tel. 5448.0430

Penguin Random House Grupo Editorial, S. A. de C. V.
Blvd. Miguel de Cervantes Saavedra núm. 301, 1er piso,
colonia Granada, delegación Miguel Hidalgo, C. P. 11520,
Ciudad de México

www.algarabia.com
www.megustaleer.com.mx

D. R. © 2018, Rebeca Cuesta y Ana Chavana, por las ilustraciones
Rebeca Cuesta y Jorge Ángeles, por el diseño de forros

ISBN: 978-607-317-309-4

Impreso en México – *Printed in Mexico*

El papel utilizado para la impresión de este libro ha sido fabricado a partir de madera procedente
de bosques y plantaciones gestionadas con los más altos estándares ambientales, garantizando
una explotación de los recursos sostenible con el medio ambiente y beneficiosa para las personas.

Penguin
Random House
Grupo Editorial

El libro de los MONSTRUOS

Por:

Carlos Bautista Rojas y Mariana Rodríguez Jurado

algarabía
niños

ALFAGUARA

Presentación

Los libros para niños los conocemos bien, existen de muchos tipos: cuentos, de actividades, temáticos, enciclopédicos, para colorear… Muchos de ellos con hermosas ilustraciones, otros con fotos increíbles, por eso los encontramos fascinantes. Sin embargo, pocos libros se aventuran a tratar de reunirlo casi todo y se esfuerzan en deleitar los gustos variados de ese lector en potencia; aquellos que, a pesar de lo elevado o trivial de un tema, lo presentan de una manera entretenida, divertida y con humor.

En Algarabía editorial decidimos hacer este libro para niños con las características antes mencionadas para que los lectores se adentren en su interior y se motiven a aprender algo nuevo. El libro de los monstruos pretende que los pequeños se apropien de su contenido: lo lean, lo relean, lo usen como consulta, como canal de entretenimiento y de conocimiento; pero sobre todo, que utilicen la información que aquí se les presenta, según sus gustos e intereses.

Estas páginas están inspiradas en un público exigente y respetable que, si bien le faltan algunos años de experiencia, es curioso, preguntón y, en muchos casos, un gran lector. 🐜

Los editores

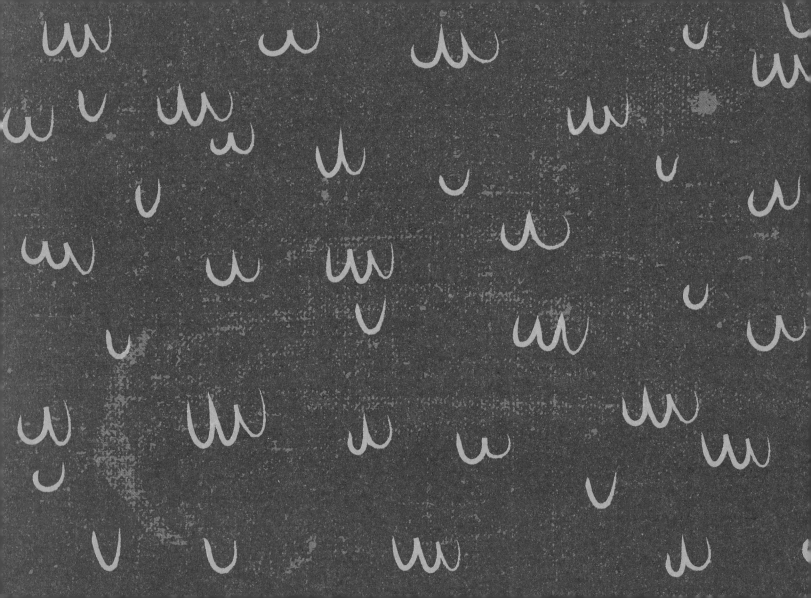

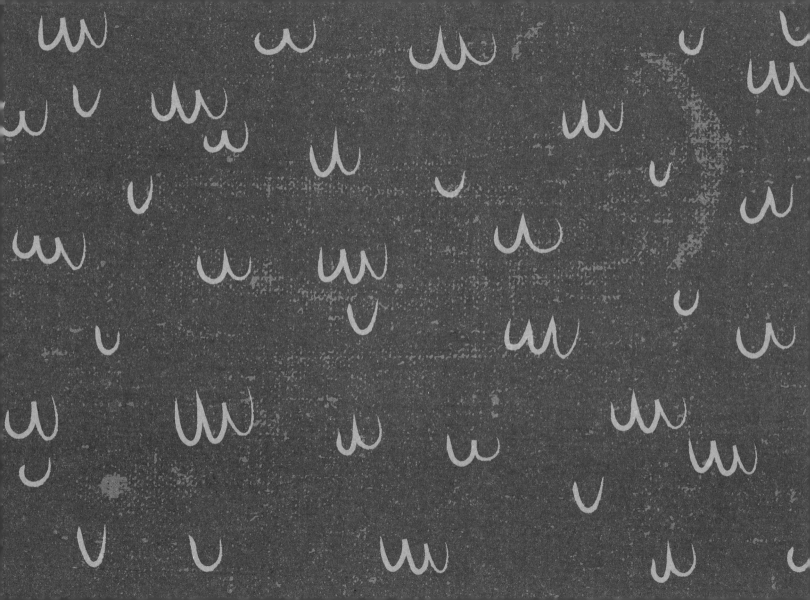

Sellos

Folklore y mitología

Este sello indica que los monstruos pertenecen al mundo de las leyendas urbanas, populares o antiguas que han pasado de generación en generación a través de la tradición oral.

Cine, televisión y videojuegos

Los monstruos de este mundo nacieron y se les vio por primera vez en películas, series de televisión o videojuegos. Son hijos de las pantallas grande —cine— y chica —tele.

Literatura y cómic

De este mundo salen todos aquellos monstruos que fueron creación de autores de todos los tiempos, desde los más antiguos —como los griegos— hasta los más contemporáneos —como los que plasman sus historias en el cómic.

Barras

de peligrosidad

En alguna parte de la página notarás un barra que va llenándose de acuerdo al riesgo de cada monstruo porque los hay de todos los tipos: desde los inofensivos —a los que te gustaría tener como amigos— hasta los más letales —a los que si llegas a ver, es mejor no acercarte… ¡Nunca!

Nula

Baja

Media

Alta

Extrema

La tarea del investigador de monstruos no es cosa fácil. Requiere una mente curiosa y disciplinada; gran ingenio, imaginación, compasión y mucho valor. Si la labor te interesa, déjanos contarte que estás por enfrentar a las más extrañas criaturas de variadas apariencias, hábitos y apetitos que, desde los tiempos más lejanos, han habitado nuestra imaginación.

Prepárate, estás por iniciar una gran búsqueda. Ármate de valor, da vuelta a la página. Y recuerda: en secreto, todos somos monstruos.

Los autores

Ahuizotl

También conocido como:
El espinoso del agua
y El ayudante de Tláloc.

Tipo:
criatura legendaria.

Hábitat: en grutas de lagos, ríos y manantiales de Mesoamérica.

Alimentación: peces y ranas, o los ojos, dientes y uñas humanos.

Tamaño: el de un perro mediano.

Visto en: *El Códice Florentino*, libro 11, y en diversas leyendas orales sobre el México antiguo.

Características: el misionero franciscano fray Bernardino de Sahagún lo definió como «un perrillo, tiene el pelo muy *lezne* y pequeño, las orejitas pequeñas y puntiagudas; el cuerpo negro y muy liso; la cola larga y en el cabo de la cola una como mano de persona; tiene manos y pies de mona». Se cree que tal vez existió —como una especie de castor o nutria—, pero que se extinguió con la llegada de humanos que cambiaron su entorno.

Habilidades: este animal, según las leyendas, sólo ataca a quienes los dioses han elegido para acompañarlos en el otro mundo. Ahuizotl atrae a sus víctimas —sobre todo pescadores— simulando el llanto de un bebé y provoca remolinos en el agua para que éstas se ahoguen.

Debilidades: la urbanización de su hábitat natural.

Aluxes

También conocidos como:
Alux, palabra maya para nombrarlos. También se les llama «geniecillos del bosque» o «enanos milenarios».

Tipo:
espíritus traviesos.

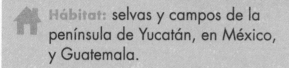 **Hábitat:** selvas y campos de la península de Yucatán, en México, y Guatemala.

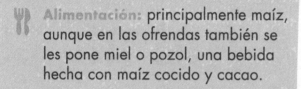 **Alimentación:** principalmente maíz, aunque en las ofrendas también se les pone miel o pozol, una bebida hecha con maíz cocido y cacao.

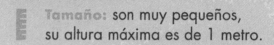 **Tamaño:** son muy pequeños, su altura máxima es de 1 metro.

Visto en: leyendas del estado de Yucatán, México.

Características: son como personas normales, pero muy pequeñitos; van vestidos con atuendos típicos mayas; cuidan las selvas y las milpas; están al servicio del dios del maíz y suelen ser muy traviesos, pero pueden traer protección y buena suerte.

Habilidades: cuando son convocados con el kahtal alux, o 'casa del aluxe', pueden ayudar a sembrar los campos y asegurar buenas cosechas, pero su temperamento voluble los hace muy enojones. Generalmente son invisibles, pero se muestran cuando tienen intención de comunicarse con los humanos.

Debilidades: según la mitología, existen desde los tiempos donde no había un sol, así que éste los convierte en piedra. 🐾

Animalitos

También conocido como:
Piccoli animali.

Tipo:
mágico caníbal.

Hábitat: países europeos.

 Alimentación: la carne de niños no bautizados.

 Tamaño: pequeños, pero constantemente hambrientos.

Visto en: las cartas de Prosper Mérimée del libro *Carmen, and Letters from Spain*.

Características: son seres capaces de proteger y conceder cualquier deseo a su amo, pero a cambio deben ser alimentados cada 24 horas. De no encontrar «comida disponible», el dueño tendrá que darles un trozo de su propia carne. Se venden en una caña sellada por un corcho de un lado.

Habilidades: no hay capricho que no puedan conceder, y su protección es casi invulnerable; sólo las balas de plata podrían herir a aquel a quien protegen.

Debilidades: desconocidas.

Aracné

 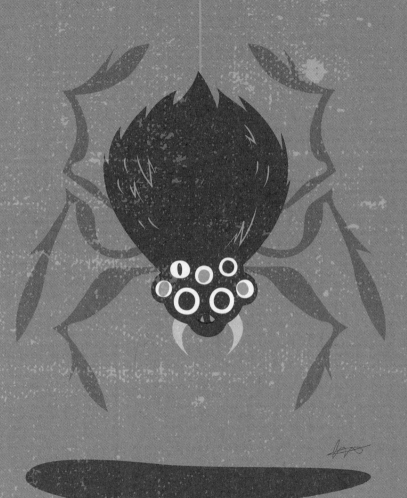

También conocida como:
La madre de las arañas y Ella.

Tipo:
criatura mitológica.

Hábitat: en bosques oscuros y cuevas profundas.

Alimentación: los animales que caen en su telaraña.

Tamaño: mayor al de una persona adulta.

Visto en: *Las metamorfosis*, de Ovidio, y *Geórgicas*, de Virgilio; en el videojuego *Devil May Cry 3* y en la saga de libros de *El Señor de los Anillos*, de J. R. R. Tolkien, y *Harry Potter*, de J. K. Rowling.

Características: era una hermosa mujer y gran tejedora que fue convertida en una horrible araña gigante a causa de su soberbia.

Habilidades: es capaz de sacar una telaraña resistente tanto de sus fauces como de la parte trasera de su cuerpo para atrapar a sus víctimas. Es muy ágil, puede caminar por las paredes y dar grandes saltos.

Debilidades: el fuego o una lucha cuerpo a cuerpo.

Argos

También conocido como:
Argus Panoptes, el que todo lo ve.

Tipo:
criatura mitológica.

Hábitat: Argólida, Peloponeso, Grecia.

Alimentación: desconocida.

Tamaño: descomunal.

Visto en: *Las metamorfosis*, de Ovidio, y las *Elegías*, de Propercio.

Características: es un gigante con muchos ojos, el número varía según la descripción; van desde cuatro hasta cientos.

Habilidades: es un guardián, sus múltiples ojos le sirven para estar vigilante todo el tiempo y observar en varias direcciones. Aunque algunos duerman, siempre habrá otros tantos despiertos. También tiene gran fuerza.

Debilidades: hechizarlo con una flauta mágica para que todos sus ojos duerman, así queda vulnerable y es posible matarlo. Se dice que la diosa Hera preservó sus ojos en la cola del pavo real.

Audrey II

También conocida como:
Twoey, su apodo favorito.

Tipo:
planta carnívora extraterrestre.

Hábitat: viene de un planeta de plantas carnívoras, pero le gusta pasar el tiempo en florerías y jardines terrestres.

Alimentación: carne y sangre —humanas.

Tamaño: al principio parece una pequeña flor, pero mientras más se alimenta, más crecerá.

Visto en: las dos películas de *La tiendita de los horrores*, una serie animada y sus posteriores adaptaciones al teatro.

Características: de origen extraterrestre, se infiltró a la tierra haciéndose pasar por una planta cualquiera, en espera de que algún ingenuo la comprara. Ahora está lista para conquistar el mundo, pero antes debe saciar su hambre gigantesca, devorando a todo aquel que se acerque a su maceta.

Habilidades: en cuanto comience a alimentarse crecerá, adquiriendo la capacidad de hablar —¡canta muy bien!—. Mucho cuidado, tiene poderes hipnóticos con los que obliga a sus víctimas a darle comida.

Debilidades: la electricidad y tener hambre.

Balrog

También conocido como:
Llama de Udûn y Valaraukar.

Tipo:
espíritu del fuego.

Hábitat: principalmente las minas de Moria, en la Tierra Media.

Alimentación: desconocida.

Tamaño: entre 2 y 3 metros, aproximadamente.

Visto en: la saga de libros *El señor de los anillos*, de J.R.R. Tolkien, y las películas basadas en ellos.

Características: enorme y musculoso, tiene grandes cuernos en la cabeza y lo envuelven el fuego, la oscuridad y las sombras. Va armado con látigos de muchas lenguas y espadas flameantes. No se sabe si tiene alas o no, pero es un ser de destrucción y caos.

Habilidades: puede cambiar de forma y hacerse invisible.

Debilidades: al ser un espíritu del fuego, sólo su forma física puede ser destruida, pero no su esencia. Se requiere de un inmenso poder como el de Gandalf, el mago, para contrarrestar su fuerza.

Banshees

También conocidas como:
Almas en pena y mensajeras
de la muerte.

Tipo:
espíritus femeninos.

28

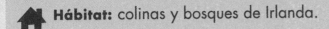 **Hábitat:** colinas y bosques de Irlanda.

Alimentación: al ser espíritus, no necesitan alimentarse.

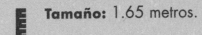 **Tamaño:** 1.65 metros.

Visto en: las leyendas tradicionales, los libros, las películas y los videojuegos de Harry Potter —*La piedra filosofal*, *La cámara secreta* y *El prisionero de Azkaban*.

Características: a veces se les representa como mujeres hermosas con cabello rojo, envueltas en túnicas oscuras. Otras, como ancianas cadavéricas de cabellos oscuros y piel verdosa. Nunca se les pueden ver los pies.

Habilidades: su estruendoso grito, además de lastimar los tímpanos de quien se encuentre cerca, indica el momento exacto de la muerte de un ser querido.

Debilidades: la «poción de la risa» es efectiva para ahuyentarlas —al menos en el mundo mágico de Harry Potter.

Basilisco

También conocido como:
El pequeño rey y El rey de las serpientes.

Tipo:
bestia mitológica.

Hábitat: vive en el desierto que él mismo crea al destruir toda vida que encuentra. La vegetación se seca y las piedras se quiebran a su paso.

Alimentación: cualquiera de sus víctimas.

Tamaño: desde unos cuantos centímetros hasta varios metros de largo.

Visto en: se encuentra en casi todos los bestiarios históricos. Aparece en la película *El rey de las serpientes* (2006) y en el libro *Animales fantásticos y dónde encontrarlos,* de J. K. Rowling.

Características: los antiguos egipcios creían que nacía de los huevos de Ibis, un ave que, curiosamente, se alimenta de serpientes. Plinio «el Viejo» lo describió como una pequeña serpiente, pero tan venenosa que podía matar con la mirada. Con el tiempo se le atribuyeron otros detalles: que procedía de un huevo puesto por un gallo y empollado por un sapo, que puede heredar características de ambos animales y alcanzar un gran tamaño.

Habilidades: es fuerte, rápido, muy venenoso y, como ya se dijo, puede matar sólo con la mirada.

Debilidades: el canto del gallo lo aterra y la comadreja es el único animal que puede matarlo, aunque le costará la vida. 🐛

Behemoth

También conocido como:
Bahamut o Bégimo.

Tipo:
bestia mitológica.

Hábitat: debajo de las sombras en lo oculto de las cañas y de los lugares húmedos, resguardado por grandes árboles.

Alimentación: hierba del campo.

Tamaño: casi tan grande como un dinosaurio.

Visto en: la Biblia y en casi todos los bestiarios medievales. El pintor oaxaqueño Francisco Toledo lo ilustró para el *Manual de zoología fantástica* (1984) de Jorge Luis Borges.

Características: se describe como un ser de apariencia corpulenta, su lomo parece tener mucha fuerza, sus huesos son tan duros como el bronce y sus patas, resistentes y gruesas como barras de hierro. Siempre se habla de su poder y tamaño, pero jamás de su fiereza. Por ello se da por hecho que es inofensivo.

Habilidades: es enorme y muy fuerte, pero de naturaleza pacífica.

Debilidades: es tan grande y poderoso que nada puede inmutarlo.

Beldam

También conocido como:
La otra madre.

Tipo:
bruja.

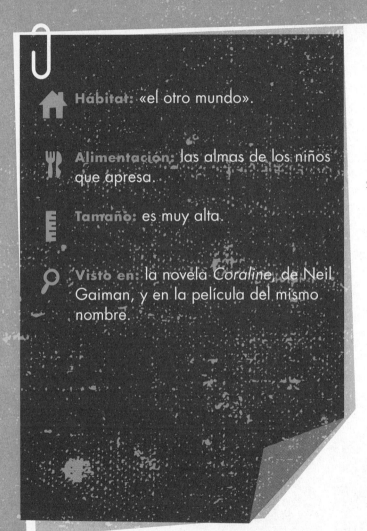

Hábitat: «el otro mundo».

Alimentación: las almas de los niños que apresa.

Tamaño: es muy alta.

Visto en: la novela *Coraline*, de Neil Gaiman, y en la película del mismo nombre.

Características: es un ente maligno que puede adoptar la apariencia de cualquier madre, pero en realidad es un ser esquelético de gran altura y garras afiladas. Engaña a los niños para llevarlos a un mundo paralelo en donde todo parece ser más divertido y hermoso. Una vez que los ha apresado, les quitará los ojos y en su lugar les coserá botones, tal como los que ella lleva. Así, los niños estarán obligados a quedarse a su lado para siempre.

Habilidades: ella creó «el otro mundo», así que sus poderes son ilimitados. Puede dar vida o quitarla, crear todo un universo o borrarlo en un parpadeo.

Debilidades: sus poderes se limitan al «otro mundo», ya que no puede salir de ahí. Sin embargo, su astucia y su magia son suficientes para atraer a niños y adultos por igual.

Blob

También conocido como:
La mancha voraz.

Tipo:
criatura alienígena.

Hábitat: llegó por medio de un meteorito y puede adaptarse casi a cualquier ambiente en la Tierra.

Alimentación: cualquier ser vivo que encuentre a su paso, lo absorbe y disuelve dentro de sí.

Tamaño: crece conforme se alimenta, así que nunca se sabe qué tan grande puede llegar a ser.

Visto en: las películas de *La mancha voraz* (1958, 1972 y 1988) y en el episodio XVII del «Especial de noche de brujas» (2006) de *Los Simpsons*.

Características: es una criatura amorfa —similar a una gran amiba— que puede comer cuanta materia orgánica encuentre a su paso.

Habilidades: es imparable e inmune a casi cualquier cosa —no funcionarán el fuego, las armas convencionales ni las descargas eléctricas.

Debilidades: no tolera el hielo seco ni el frío extremo, ambos lo debilitan al grado de la inacción, pero eso no la destruye, sólo la deja en estado de hibernación. 🪰

Bogeyman

También conocido como:
Babau, Butzeman, El viejo del costal
y Oogie Boogie.

Tipo: espectro humanoide.

Hábitat: en las habitaciones de los niños —bajo la cama, en los armarios o detrás de las puertas.

Alimentación: se alimenta del temor, en especial a creer en su existencia.

Tamaño: depende de cómo se lo imagine quien cree en él.

Visto en: prácticamente todo el mundo. Tiene símiles en casi todas las culturas del orbe desde hace miles de años. Sobra mencionar que es un personaje recurrente del cine y la televisión.

Características: anteriormente era representado por una persona que se cubría por completo con una manta o sábana y de quien era imposible reconocer su rostro o figura —de ahí que se desconozca si es hombre o mujer—. Luego se le mostró portando un costal donde se llevaba a los niños malcriados y, recientemente, se le ha visto como un ser conformado por bichos y alimañas que viven dentro de un costal con forma humanoide.

Habilidades: puede asumir la forma de lo que más teme quien logre verlo y, con frecuencia, se aparece a los niños que se han portado mal para aterrorizarlos.

Debilidades: dejar de creer en él y no tener miedos irracionales. 🦟

Bolas
de fuego

También conocidas como:
Aichipopos —'doncellas' en náhuatl— y Mujeres guajolote.

Tipo:
brujas.

Hábitat: surcan los cielos y saltan de cerro en cerro entre Veracruz, Puebla e Hidalgo.

Alimentación: la sangre de los recién nacidos.

Tamaño: depende la forma que tomen; pueden ser mujeres, inmensas aves o esferas de lumbre.

Visto en: leyendas de la cultura totonaca y en relatos tradicionales mexicanos.

Características: en su forma original son mujeres —jóvenes hermosas o ancianas horribles—. Pero si se convierten en aves, tienen patas de guajolote, pico puntiagudo y una larga lengua, para chupar la sangre de sus víctimas. Tienen ojos rojos y llameantes, pero corazón de agua.

Habilidades: son asistentes del Diablo; engañan a las personas y secuestran sus almas. Pueden hacer maleficios y colarse a cualquier sitio en forma de humo.

Debilidades: se les aleja colocando en casa crucifijos, palanganas de agua, muchos espejos y objetos al revés. ❧

Cancerbero

También conocido como:
El sabueso de Hades y Fluffy.

Tipo:
bestia mitológica.

Hábitat: las puertas del inframundo.

Alimentación: carne cruda.

Tamaño: su altura mínima es la de un hombre adulto.

Visto en: la mitología griega tiene abundantes historias sobre el Cerbero; también ha aparecido en libros como la saga de *Harry Potter* o la *Divina Comedia*, de Dante; en películas animadas como *Hércules* (1997) y *Scooby Doo* (2002); videojuegos desde *Final Fantasy* hasta *God Of War*, y hasta existe una constelación bautizada con este nombre por el astrónomo Johannes Hevelius en 1687.

Características: tiene tres cabezas, pero el poeta griego Píndaro aseguraba que tenía 100 —y una serpiente por cola—. Su trabajo es prevenir que los espíritus escapen del mundo de los muertos, aunque de vez en cuando trabaja resguardando tesoros incalculables.

Habilidades: es un guardián fiero, de gran apetito y fuerza. Se dice que su saliva puede resultar venenosa.

Debilidades: la música lo duerme, igual que el sonido proveniente del agua del río Lete. Sus ojos no están acostumbrados a la luz, así que fuera del inframundo no puede ver bien. Hércules y Psique lo vencieron usando la fuerza física, y una buena dosis de astucia. 🐛

Centauro

También conocido como:
El matador de toros y Centáurides
—sólo las hembras.

Tipo:
bestias mitológicas.

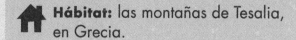 **Hábitat:** las montañas de Tesalia, en Grecia.

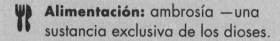 **Alimentación:** ambrosía —una sustancia exclusiva de los dioses.

Tamaño: un poco más grandes que un caballo adulto.

Visto en: leyendas griegas; en la saga de libros —y sus adaptaciones al cine— *Las crónicas de Narnia*, de C. S. Lewis, y *Harry Potter*, de J. K. Rowling, y en la película *Hércules* (1997) de Disney.

Características: es una criatura con la cabeza y el torso de un humano, cuerpo y patas de caballo. Son temperamentales y dados a la superstición y adivinación; su naturaleza es violenta y bélica. Representan al mundo incivilizado y brutal.

Habilidades: fuertes y veloces, capaces de ir y regresar de las islas Griegas hasta la India en un solo día. Si logran dominar su espíritu salvaje, pueden volverse sabios como el famoso centauro Quirón, quien fue un gran aliado de los humanos.

Debilidades: consumir demasiado vino o cerveza de hiedra; eso los duerme, haciéndolos vulnerables.

Chaneques

También conocidos como:
Espíritus traviesos.

Tipo:
espíritus de la naturaleza.

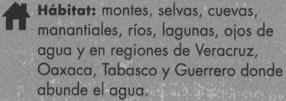

Hábitat: montes, selvas, cuevas, manantiales, ríos, lagunas, ojos de agua y en regiones de Veracruz, Oaxaca, Tabasco y Guerrero donde abunde el agua.

Alimentación: miel.

Tamaño: 1 metro.

Visto en: leyendas mesoamericanas.

Características: tienen los pies al revés y una cola. Se les considera deidades de la tierra y del agua; como tales velan por los animales del monte y todo lo que existe en él. Pueden ser benévolos y traer prosperidad, pero castigan a las malas personas y el aire que dejan a su paso, dicen, causa enfermedades. A veces «encantan» a los niños y se los llevan a su mundo para criarlos.

Habilidades: usan el agua como puente de entrada a nuestro mundo.

Debilidades: para confundirlos es útil usar la ropa al revés. La semilla llamada «ojo de venado» los mantiene alejados.

Chupacabras

También conocido como:
Goat-sucker.

Tipo:
mamífero vampírico.

Hábitat: México, el sur de los Estados Unidos e incluso China, aunque apareció por primera vez en Puerto Rico.

Alimentación: la sangre del ganado.

Tamaño: 1.5 metros.

Visto en: periódicos y noticieros desde 1995, año de su primer «avistamiento».

Características: tiene la apariencia de un reptil bípedo, piel escamosa color verde o gris, plumas y una hilera de espinas que van desde la nunca hasta la punta de la cola.

Habilidades: succiona toda la sangre de un animal, dejándolo «seco»; es fácil reconocer su mordida en el cuello de los cadáveres porque son tres agujeros en forma de un triángulo.

Debilidades: desconocidas, aunque los golpes y las armas de fuego parecen ser efectivas.

Cíclopes

También conocidos como:
Kyklops y Gasterócheires.

Tipo:
gigantes mitológicos.

Hábitat: el fondo de los volcanes y lugares extremadamente calurosos donde pueden trabajar los metales. En la mitología y la literatura se habla de islas habitadas por estos seres.

Alimentación: carnívoros, pueden llegar a comer hasta 60 hombres al día.

Tamaño: 5 metros, en promedio.

Visto en: las películas de Ray Harryhausen y *Monsters Inc*; en las novelas de *El mago de Oz* o en las series de televisión *Battlestar Galactica y Ben 10.*

Características: son criaturas de gran tamaño, tienen un solo ojo ubicado sobre su frente, su carácter es terrible, son groseros y crueles.

Habilidades: son expertos forjadores de armas y tan hábiles en el trabajo manual que han construido murallas y fortificaciones impenetrables. Algunos piensan que tienen poderes adivinatorios y proféticos.

Debilidades: extremadamente vulnerables sin su único ojo.

El Coco

También conocido como:
Cuco, Cucuy y El fantasma
sin cabeza.

Tipo:
espectro multimorfo.

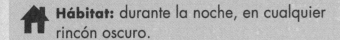 **Hábitat:** durante la noche, en cualquier rincón oscuro.

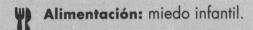 **Alimentación:** miedo infantil.

Tamaño: variable, según el temor que se le tenga.

Visto en: casi todas las culturas y leyendas hablan de una criatura como ésta.

Características: puede adquirir la forma y la apariencia de lo que más teme quien se lo encuentre, con la peculiaridad de tener una cabeza falsa —de calabaza u otro fruto—, con las expresiones talladas de forma grotesca. De ahí que cuando se descubrió el fruto del coco los marineros le pusieron ese nombre, debido a la «semejanza con este monstruo».

Habilidades: es temible, horroroso y aterrador. Tiene nombres y símiles en prácticamente todas las culturas del mundo.

Debilidades: dejar de creer en él.

La Cosa

También conocido como:
El enigma de otro mundo.

Tipo:
parásito extraterrestre.

Hábitat: se puede adaptar a cualquier ambiente, siempre y cuando primero infecte alguna forma de vida del planeta al que llegue.

Alimentación: los cuerpos que abduce y replica.

Tamaño: alcanza proporciones descomunales si se siente amenazado.

Visto en: la novela *¿Quién anda ahí?* (1938), de John W. Campbell, y sus posteriores adaptaciones cinematográficas (1951, 1982 y 2011).

Características: es un parásito alienígena que invade y replica cualquier forma de vida.

Habilidades: al poder imitar cualquier especie, se puede infiltrar donde sea sin generar sospechas; incluso puede absorber el conocimiento del ser que ha asimilado. Contagia a cualquiera apenas tiene contacto con la sangre de su víctima, igual que un virus.

Debilidades: el frío extremo lo inmoviliza; sólo el fuego puede destruirlo.

La Cosa
del pantano

También conocido como:
Dr. Alec Holland, Alex Olsen
y Erl-King, «el dios del pantano».

Tipo:
guardián humanoide de la Tierra.

Hábitat: pantanos.

Alimentación: se alimenta por fotosíntesis, pero también hace crecer de su cuerpo vegetales nutritivos.

Tamaño: 2 metros, aproximadamente.

Visto en: desde 1971 ha aparecido en multitud de historietas de DC Comics, videojuegos, series de televisión e incluso en una película de 1982.

Características: se trata de un monstruo benéfico. Es una planta enorme, humanoide, de apariencia aterradora que absorbió los recuerdos y personalidad de un científico que murió mientras trabajaba en una fórmula secreta para reforestar zonas desérticas.

Habilidades: está conectado a todos los seres vegetales del planeta mediante una poderosa red llamada «verde», puede comunicarse con las plantas y controlarlas, así como transportarles su conciencia. Su cuerpo tiene la propiedad de adaptarse y crecer o empequeñecer a voluntad. Puede regenerar cualquier parte de su cuerpo que ha sido lastimada. Su fuerza es colosal, aún no se conocen sus límites.

Debilidades: su poder depende de su conexión con las plantas; la contaminación, el envenenamiento o la ausencia de éstas limita sus poderes.

Conejos
asesinos

También conocidos como:
Oryctolagus cuniculus.

Tipo:
malvados mamíferos esponjosos.

Hábitat: en el campo o en las ciudades.

Alimentación: carne humana y zanahorias.

Tamaño: pequeño.

Visto en: *Monty Python y el Santo Grial* (1975); el juego *Wizardy;* el manga *One Piece;* las películas *Watership Down, Wallace y Gromit: la batalla de los vegetales* y en la serie *Bunnicula.*

Características: su dócil y tierna apariencia puede engañar al corazón más duro. Los conejos monstruosos suelen esconder dientes afilados que cortan fácilmente carne y hueso, son rápidos, con excelente visión nocturna y despiadados.

Habilidades: muchos son venenosos, mágicos, cambian a una forma aterradora o saltan distancias imposibles.

Debilidades: puede vencérseles con la debida fuerza, pero suelen atacar en manadas numerosas y lo mejor es ocultarse o correr. Los caballeros de la mesa cuadrada tuvieron éxito aventándoles la «santa granada de Antioquía». ⌇

Creepers

También conocidos como:
desconocido.

Tipo:
criaturas hostiles.

Hábitat: los mundos de Minecraft.

Alimentación: no se sabe qué come o si acaso necesita nutrirse, pero se especula que se alimenta del miedo o de material combustible.

Tamaño: 1.80 metros, aproximadamente.

Visto en: el videojuego *Minecraft*.

Características: es un ser de piel verdosa con cuatro patas y ningún brazo. Es silencioso y lento, pero incansable al acechar a sus víctimas.

Habilidades: si logra acercarse lo suficiente a su víctima, explotará, destruyendo todo lo que encuentre a su alrededor. Al contrario que otras criaturas del mismo mundo, no es vulnerable a la luz del sol.

Debilidades: las flechas y el arco son el arma más efectiva. El agua nulifica sus explosiones.

Daleks

También conocidos como:
Kaleds.

Tipo:
guerreros extraterrestres.

Hábitat: su planeta original era Skaro, pero ellos viajan a través del espacio y el tiempo, conquistando y destruyendo cualquier civilización.

Alimentación: licuan los cuerpos de sus víctimas y beben sus proteínas.

Tamaño: miden de 1.60 a 1.90 metros.

Visto en: la serie británica *Doctor Who*.

Características: son pequeños alienígenas parecidos a moluscos, encerrados en enormes y letales armaduras militares hechas de un metal llamado «dalekanium». Son criaturas inteligentes en extremo, no conocen la piedad y su único deseo es la guerra y el exterminio de cualquier otra especie diferente a la suya.

Habilidades: una de sus extremidades dispara un rayo mortal, mientras la otra le sirve para manipular tecnología y extraer información del cerebro de sus enemigos. Pueden flotar para transportarse de un lugar a otro. Las esferas en su cuerpo ocultan pequeñas bombas —que funcionan como mecanismo de autodestrucción— y su campo de fuerza permite evaporar balas y cualquier otro ataque.

Debilidades: el ojo del Dalek es la parte más vulnerable de su armadura, sin ella quedan completamente indefensos.

Dementores

También conocidos como:
Espectros de la indiferencia.

Tipo:
espectros humanoides.

Hábitat: la prisión mágica de Azkaban, en medio del mar del Norte.

Alimentación: toda emoción o recuerdo positivo.

Tamaño: 3 metros, aproximadamente.

Visto en: la saga de libros de *Harry Potter*, de J. K. Rowling, y en *La materia oscura*, de Phil Pullman.

Características: son criaturas putrefactas y asquerosas, no tienen ojos y su piel es grisácea. Visten harapos y su rostro está siempre cubierto por una capucha, que jamás se quitarán, a menos que estén listos para «besar» a sus víctimas.

Habilidades: alteran negativamente el espacio y la temperatura que los rodea, traen consigo la tristeza y la ira. Su arma principal es el terrible «beso del Dementor», en el que posan sus fauces sobre la boca de su víctima y absorben su alma, dejándola viva, pero incapaz de comunicarse o sentir nada que no sea el vacío y el horror.

Debilidades: el chocolate es un buen remedio para aliviar los efectos de su cercanía; el hechizo luminoso «*Expecto patronum*» conjurará una proyección de esperanza y vida que los alejará.

Demogorgon

También conocido como:
Demonio del inframundo, El ser supremo entre tres mundos y Príncipe de los demonios.

Tipo:
criatura humanoide depredadora.

Hábitat: una sección del Inframundo llamada «el Abismo», que es una dimensión paralela a la nuestra. Según el poeta renacentista Ariosto, este ser tenía una madriguera en las montañas del Himalaya.

Alimentación: cualquier criatura que encuentre a su paso.

Tamaño: 5.5 metros.

Visto en: obras de Platón, Ovidio, John Milton, Bernardo de Balbuena, Christopher Marlowe, Voltaire y Percy Shelley; en el juego de rol *Calabozos y Dragones* (1974) y en la serie *Stranger Things* (2016).

Características: aunque su apariencia ha cambiado a lo largo de la historia, por lo regular se le representa con dos cabezas de mandril, cuellos de serpiente y tentáculos en lugar de brazos. También tiene grandes piernas de reptil; su piel es gruesa, tornasolada y escamosa.

Habilidades: es muy fuerte, rápido, despiadado y tiene bajo su mando a otras criaturas menores. Puede oler a sus víctimas a gran distancia e incluso presentirlas.

Debilidades: su afán de poder y control lo hacen estar en constante conflicto con su otra cabeza. Eso puede distraerlo, dando a la víctima tiempo para escapar.

Demonio
de Tasmania

También conocido como:
Taz.

Tipo:
criatura devoradora.

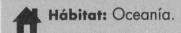 **Hábitat:** Oceanía.

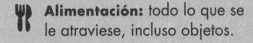 **Alimentación:** todo lo que se le atraviese, incluso objetos.

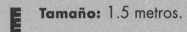 **Tamaño:** 1.5 metros.

Visto en: en la serie animada *Looney Tunes* y en videojuegos.

Características: salvaje y primitivo, destruye todo a su paso. Es incapaz de hablar y, aunque es muy agresivo, realmente no hace ningún daño serio. No es desalmado, sólo tiene hambre.

Habilidades: cuando asume la forma de un pequeño torbellino, es capaz de atravesar rocas y troncos gruesos sin perder su velocidad.

Debilidades: es muy estúpido y fácil de engañar. La música y la comida abundante logran calmarlo un rato.

Depredador

También conocido como:
Yautja.

Tipo:
cazador alienígena humanoide.

Hábitat: puede adaptarse a cualquier ambiente, pero su entorno ideal es la jungla u otro ecosistema de calor extremo.

Alimentación: toda especie que haya sido su presa.

Tamaño: de 2.20 a 2.40 metros.

Visto en: todas las películas de *Depredador*.

Características: su cráneo es más grande que el de un humano, sus ojos pueden ser verdes, rojos o amarillos; posee una mandíbula fuerte y movible en forma de X. Tiene garras negras, pelo grueso y piel muy resistente de color verdoso. Su cuerpo musculoso está cubierto por una poderosa armadura, por eso se le reconoce su apariencia fornida.

Habilidades: tiene fuerza y rapidez sobrehumanas; sólo puede ver en el espectro de las luces infrarroja y ultravioleta; ha desarrollado alta tecnología que le permite volverse invisible, entender el habla de otras culturas y cuenta con armas muy poderosas y sofisticadas.

Debilidades: sin su armadura y su arsenal no es tan invencible. Si un ser de otra especie logra matar a uno, el resto de los Yautjas lo convertirán en un «Notable» y hasta es probable que lo integren a su clan de guerreros.

Der
Kindestod

También conocido como:
La muerte.

Tipo:
demonio carnívoro humanoide.

Hábitat: planos infernales.

 Alimentación: niños.

 Tamaño: el de un hombre alto.

Visto en: la serie de televisión *Buffy la cazavampiros.*

Características: su rostro es esquelético y su piel se pega a los huesos, sus ojos blancos pueden abrirse para revelar enormes mandíbulas con las que puede alimentarse de su presa. Viste un abrigo y un sombrero.

Habilidades: sólo es visible para los niños enfermos de fiebre; sus garras pueden cortar fácilmente piel y hueso. Una vez que se ha alimentado del niño, éste morirá.

Debilidades: fuerza física.

Dragones

También conocidos como:
Dracon.

Tipo:
bestias mitológicas.

Hábitat: montañas, mares, volcanes y bosques.

Alimentación: a pesar de que pueden atacar a los seres humanos, tradicionalmente comen cenizas.

Tamaño: varía, desde poco más de 1 metro hasta una altura infinita.

Visto en: la saga de libros y películas *El Señor de los Anillos*, de J. R. R. Tolkien; en la película *Cómo entrenar a tu dragón* (2010); en la serie de televisión y los libros *Canción de hielo y fuego*, de George R. R. Martin.

Características: los antiguos griegos y sumerios los describían como serpientes voladoras. Tienen el cuerpo escamado o emplumado, ponen huevos, muchos tienen alas y algunos pueden hablar. Han existido en las narraciones de diversas culturas en América, Europa, India y China, y su leyenda probablemente se cimentó con los primeros descubrimientos de los huesos «gigantes» de elefantes y dinosaurios.

Habilidades: pueden respirar fuego, vivir en los mares o ser venenosos. Se les conoce por su fiereza y sabiduría, aunque muchos son el transporte de entes malvados.

Debilidades: depende de la mitología de donde provienen; algunos sólo pueden ser heridos por un arma mágica, otros deben ser dormidos o engañados si se desea robar los tesoros o princesas que custodian. 🐉

Escila

También conocida como:
La ninfa maldita.

Tipo:
bestia mitológica.

Hábitat: el estrecho marino de Mesina, cerca del cabo de Skilia, en el noroeste de las islas griegas.

Alimentación: navegantes y criaturas marinas que pasan por su hábitat.

Tamaño: el triple de una persona convencional.

Visto en: los mitos helénicos, en los libros *La Odisea*, de Homero, y *Las metamorfosis*, de Ovidio.

Características: era una hermosa ninfa que, con una pócima, fue convertida en un horrendo monstruo con cola de pez, doce patas y seis cabezas de perro con cuellos largos; en cada cabeza tiene tres hileras de afilados dientes; se dice que emite un doloroso y estridente aullido que hace estremecer los mares.

Habilidades: es fuerte, rápida y muy peligrosa. Cada cabeza siempre atrapa a una víctima de forma infalible. Puede resucitar con el fuego.

Debilidades: sólo Hércules puede matarla y los dioses del Olimpo convertirla en piedra.

Esfinge

También conocida como:
Demonio de la destrucción y La mala suerte.

Tipo:
demonio mitológico.

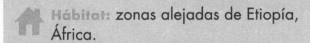

Hábitat: zonas alejadas de Etiopía, África.

Alimentación: cualquiera de sus víctimas.

Tamaño: el de un león adulto.

Visto en: leyendas griegas y obras clásicas como *Las fenicias*, de Eurípides.

Características: según Hesíodo, era hija de Quimera y de Orto, hermano de Cerbero. Se le representa con cuerpo de león, alas de ave y rostro de mujer. Plinio «el Viejo» la describió como un ser con pelaje pardo rojizo.

Habilidades: es fuerte, rápida, destruye las siembras, puede hablar y estrangula a quienes no pueden resolver los enigmas que formula.

Debilidades: resolver su enigma la hace huir —o despeñarse del monte donde se encuentre encaramada— y, finalmente, convertirse en piedra.

Fenrir

También conocido como:
El padre de los lobos.

Tipo:
bestia mitológica.

Hábitat: creció en los límites de Asgard, el «recinto de los dioses», pero fue confinado al Utgard, donde viven las fuerzas maléficas, los demonios y los monstruos.

Alimentación: de cualquiera que salga a su paso.

Tamaño: descomunal.

Visto en: todas las leyendas nórdicas y en la cinta *Ragnarök* (2017).

Características: es hijo de Loki y de la gigante Angrboda. Se le describe como un lobo negro de enormes dimensiones. Al principio sólo era un cachorrito, pero comenzó a crecer tanto que fue necesario atarlo para que no desencadenara el fin del mundo, el Ragnarök.

Habilidades: es extremadamente fuerte e indomable.

Debilidades: sólo puede ser atrapado con una cadena mágica llamada Gleipner elaborada por unos enanos y que se compone del ruido de los pasos de un gato, una barba de mujer, raíces de una montaña, tendones de oso, esencia de pescado y saliva de pájaro.

Frankenstein

También conocido como:
La criatura, El monstruo o sólo
con el nombre de su «padre»,
Frankenstein.

Tipo:
experimento fallido.

Hábitat: suele refugiarse en lugares desolados para evitar ser atacado y perseguido.

Alimentación: prefiere una dieta vegetariana compuesta por nueces y frutos que pueda encontrar en los bosques.

Tamaño: 2.4 metros.

Visto en: la novela *Frankenstein o el moderno Prometeo*, de Mary Shelley, y las películas *Frankenstein* (1931), *La maldición de Frankenstein* (1957) y *Viktor Frankenstein* (2015).

Características: fue creado a partir de varias partes de otros cuerpos, se le describe como un ser alto, de piel verde llena de cicatrices y costuras, andar tambaleante y con tornillos incrustados en su cuello. A pesar de su apariencia terrorífica, es muy inteligente y sensible.

Habilidades: posee una enorme fuerza y un temperamento volátil; cuando está enojado, se vuelve mortífero.

Debilidades: el fuego, las multitudes y la soledad.

Freddy

Krueger

También conocido como:
El acuchillador de Springwood y El hijo de los cien maniacos.

Tipo:
entidad onírica.

Hábitat: vive en el mundo de las pesadillas, en especial de los niños y jóvenes del pueblo ficticio de Springwood.

Alimentación: el miedo de sus víctimas.

Tamaño: 1.74 metros.

Visto en: la saga de películas *Pesadilla en la calle del Infierno*, escritas y dirigidas por Wes Craven.

Características: tiene el rostro desfigurado por graves quemaduras, lleva un guante con cuchillas en la mano derecha que le encanta hacer rechinar sobre superficies de metal; viste un suéter a rayas de colores verde y rojo y porta un sombrero oscuro.

Habilidades: puede adquirir la forma y el tamaño que guste —pero siempre con la misma cara—. Todo el daño que haga en los sueños, también sucede en la vida real. Aunque logren herirlo, siempre reaparece de forma sorpresiva y más poderoso. Por eso quienes sueñan con él evitan dormir.

Debilidades: dejar de tenerle miedo, enterrar sus restos mortales en el panteón o liberarlo de los «demonios del sueño» que lo tienen poseído.

Gaunas

También conocidas como:
Los monstruos imitadores.

Tipo:
gigantes alienígenas depredadores.

Hábitat: el espacio exterior, en una especie de «nido», donde se reproducen y salen en busca de otras formas de vida para absorberlas y destruirlas.

Alimentación: de cualquier forma de vida o clase de energía.

Tamaño: puede ser microscópico, de unos cuantos metros de largo o hasta del tamaño de grandes meteoritos.

Visto en: el manga y las adaptaciones a cine y televisión de *Caballeros de Sidonia* (2009 – 2015).

Características: su «cuerpo» se divide en dos partes; una membrana externa casi impenetrable —que se regenera muy rápido— y una serie de tentáculos muy flexibles que pueden extenderse cientos de metros. Todo en conjunto protege el núcleo que controla y da vida al alienígena.

Habilidades: no necesitan de oxígeno ni de otro elemento para vivir y pueden emitir rayos de radiación contra sus enemigos; si capturan personas, pueden replicarlas para infiltrarse entre los humanos sin ser reconocidos. Ningún arma convencional puede destruirlos.

Debilidades: sólo pueden morir si su núcleo es tocado por una lanza Kabizashi —un artefacto de origen desconocido, descubierto en el espacio por los humanos 600 años después de su primer encuentro con las gaunas. ✹

Godzilla

También conocido como:
El rey de los monstruos y Gojira.

Tipo:
kaiju.

Hábitat: el fondo del océano Pacífico.

Alimentación: peces y otras especies marinas.

Tamaño: 118.5 metros.

Visto en: 30 películas japonesas y varias versiones occidentales.

Características: era un dinosaurio que permanecía en hibernación en el fondo del mar hasta que las explosiones nucleares lo hicieron mutar y crecer de tamaño. Tiene la piel rugosa, gruesa y grisácea, una cola poderosa y una cresta parecida a las que poseían los estegosaurios.

Habilidades: es descomunal y, además de su enorme fuerza con la que puede arrasar ciudades enteras, cuenta con aliento atómico, rayo espiral, pulso nuclear y poderes magnéticos. Las bombas convencionales y nucleares no pueden hacerle daño.

Debilidades: al principio la electricidad y una bacteria «antiradiactiva» podían mermar su fuerza, pero con el tiempo se hizo inmune a ellas. El «destructor de oxígeno» ha sido la única arma capaz de aniquilarlo. 🪰

Golem

También conocido como:
El monstruo de barro
y El autómata sin conciencia.

Tipo:
criatura antropomorfa animada.

Hábitat: en una sinagoga del gueto judío de Praga.

Alimentación: no necesita comer.

Tamaño: más de 2 metros.

Visto en: leyendas judías, la novela *El Golem* (1915), de Gustav Meyrink, y en su adaptación al cine dirigida por Paul Wegener en 1917.

Características: es un gran autómata de barro con forma humana, creado por el filósofo y místico Rabbi Judah Loew. Para que pueda cobrar vida es necesario colocar dentro de su boca —o sobre su frente— un papel que tiene escrita la «palabra divina».

Habilidades: es muy fuerte; puede desarrollar cualquier tarea que se le encomiende, pero de forma sistemática, por lo que resulta peligroso estorbar en sus órdenes o atravesarse en su camino.

Debilidades: con sólo quitarle el papel que tiene en la boca —o borrar la primera letra del nombre que tiene escrito en la frente—, vuelve a ser una figura inerte de barro.

Gorgonas

También conocidas como:
Medusas.

Tipo:
deidades femeninas.

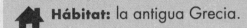 **Hábitat:** la antigua Grecia.

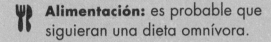 **Alimentación:** es probable que siguieran una dieta omnívora.

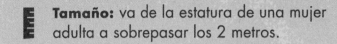 **Tamaño:** va de la estatura de una mujer adulta a sobrepasar los 2 metros.

Visto en: el mito de Perseo; en las películas *Furia de titanes* (1981 y 2010), *El hogar de Miss Peregrine para niños peculiares* (2016), en las series *Doctor Who* y *Calabozos y dragones.*

Características: son mujeres guerreras que tienen serpientes por cabello, colmillos de jabalí, alas de murciélago, pies y manos parecidos a garras y piel cubierta por escamas metálicas. Se conocen sólo tres gorgonas, todas ellas son hermanas: Medusa, Esteno y Euríale.

Habilidades: su mirada vuelve piedra a aquel que la observa. Se dice que cuando una gorgona es herida o muerta, la sangre que brota de su costado resucita a los muertos, pero la que mana de su lado izquierdo es mortal.

Debilidades: los espejos, la soledad. Perseo logró vencer a Medusa y cortarle la cabeza; de la sangre brotó el caballo Pegaso.

Gigante

de malvavisco

También conocido como:
Gozer el destructor, Volguus Zildrohar
y El Señor de Sebouillia.

Tipo:
encarnación fantasmal.

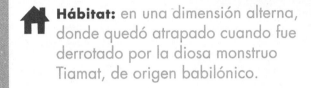 **Hábitat:** en una dimensión alterna, donde quedó atrapado cuando fue derrotado por la diosa monstruo Tiamat, de origen babilónico.

 **Alimentación:** del terror que provoca en las personas y de su ansia de dominio y destrucción.

 **Tamaño:** 35 metros.

Visto en: la película *Cazafantasmas* (1984), de Ivan Reitman, en los videojuegos y los cómics inspirados en ella.

Características: en realidad es un semidiós que era adorado por los hititas hace 8 mil años; pero después pudo encarnarse en un muñeco de malvavisco descomunal —con sombrero y babero de marinerito— que, a pesar de tener una apariencia adorable, puede ir destruyendo una ciudad con sólo caminar por ella.

Habilidades: puede encarnar la forma que guste, de hecho reta a sus oponentes a imaginárselo como ellos quieran para confrontarlos y aterrorizarlos.

Debilidades: la única forma de destruirlo es saturando de protones el portal dimensional del cual ha provenido.

La Gran

Bruja

También conocida como:
Hechicera, Hag y Strega.

Tipo:
demonio humanoide.

Hábitat: puede vivir en donde sea, pero suele tener gustos refinados.

Alimentación: carne humana, con preferencia por la de los niños.

Tamaño: 1.50 metros.

Visto en: cuentos de hadas e historias de terror; películas como *Blancanieves*, *La bella durmiente*, *La Sirenita*, *Hocus Pocus* o *Harry Potter*; en libros como *El Mago de Oz*, de Lyman Frank Baum, o *Las brujas*, de Roald Dahl.

Características: suele ser representada como una mujer vieja y malévola o una joven hermosa y cruel. Es un demonio que a veces usa una peluca para ocultar su cabeza calva y una máscara de apariencia humana sobre su horrible rostro. Sus pies no tienen dedos y los guantes de sus manos ocultan sus largas garras.

Habilidades: la extensión de sus poderes es desconocida, pero se sabe que puede realizar toda clase de magia y pociones, transformar a los niños en ratones con dulces encantados, controlar el fuego y disparar rayos mortíferos por los ojos.

Debilidades: ser convertida en un ratón, usando su propia poción.

Gremlins

También conocidos como:
Mogwai, Duendecitos verdes o Gizmos.

Tipo:
criaturas malignas.

Hábitat: se especula que vienen de algún lejano y exótico país; pero si están en una cuidad, se apropian de cualquier vehículo que puedan descomponer.

Alimentación: omnívora, con preferencia por la comida chatarra.

Tamaño: difícilmente sobrepasan el metro de altura.

Visto en: las películas *Gremlins* y *Gremlins II* (1984 y 1990), de Joe Dante; en todos los videojuegos basados en ellas; en el libro *Los gremlins*, de Roald Dahl, y el capítulo «Pesadilla a 20 mil pies de altura» de la serie *Dimensión desconocida*.

Características: son simpáticos animalitos peludos de color café y blanco parecidos a los koalas que, de no ser cuidados adecuadamente, se transforman en violentas criaturitas de aspecto reptiloide con afilados dientes, brazos largos, piernas cortas y garras. Se parecen a los duendes, en cuanto a su comportamiento travieso y malévolo.

Habilidades: son muy inteligentes, tienen la capacidad de reproducirse sólo con agua y evolucionar a seres malvados capaces de destruir todo a su paso si se les da de comer después de la medianoche.

Debilidades: las luces brillantes, en especial la luz del sol, el agua, el fuego y la electricidad.

Grendel

También conocido como:
Descendiente de Caín.

Tipo:
gigante humanoide.

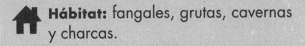 **Hábitat:** fangales, grutas, cavernas y charcas.

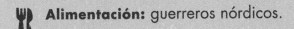 **Alimentación:** guerreros nórdicos.

Tamaño: enorme estatura.

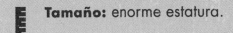 **Visto en:** en leyendas folklóricas anglosajonas y en las adaptaciones de teatro, cine, cómics y videojuegos que se han hecho del poema *Beowulf*.

Características: es muy grande, fuerte, con grandes garras, ojos de fuego, contrahecho, pero poco inteligente como un ogro.

Habilidades: es rápido, sabe pelear muy bien y es difícil herirlo con espadas convencionales.

Debilidades: tiene el oído muy sensible, por eso la música, los cantos y ciertos sonidos pueden aturdirlo. Sólo puede ser derrotado por un guerrero que lo iguale en fuerza.

Grifo

También conocido como:
Shirdal.

Tipo:
bestia mitológica.

Hábitat: montañas rocosas de la India.

Alimentación: pequeñas criaturas y, a veces, de los intrusos que llegan a su morada.

Tamaño: 3 metros.

Visto en: leyendas helénicas, relatos de Oriente, heráldicas medievales y como gárgolas de la arquitectura gótica.

Características: la parte superior tiene el parecido de un águila gigante con plumas doradas, pico afilado y garras poderosas. Por debajo tiene cuerpo de león —también de color dorado—, fuertes patas y larga cola.

Habilidades: tiene vista y olfato desarrollados, vive en manadas igual que los leones. Es muy valiente y fuerte; puede entrenarse para ser montado. Una vez domesticado suele ser leal a su amo, por eso se le considera guardián de objetos valiosos. Sólo ataca a quienes considera peligrosos. Se dice que puede controlar los cinco elementos de la Antigüedad que son agua, fuego, aire, tierra y éter.

Debilidades: capturar a sus crías los paraliza. Se les puede vencer si se les aisla de su manada y se les ataca en grupo. 🪰

Grinch

También conocido como:
El monstruo que robó la Navidad.

Tipo:
criatura incomprendida.

Hábitat: en un alto peñasco cerca del pueblito de Villaquién.

Alimentación: omnívoro, con predilección por las cenas de Nochebuena.

Tamaño: 1.70 metros.

Visto en: los libros y las películas basadas en ellos de Doctor Seuss.

Características: larguirucho, panzón, peludo y verde; odia la felicidad, los cantos y las celebraciones.

Habilidades: es fuerte, ingenioso y creativo, no teme trabajar duro. Sabe coser y tiene gran habilidad manual.

Debilidades: su egoísmo y malicia encierran un corazón muy pequeño y solitario que, en secreto, anhela amigos.

Grúfalo

También conocido como:
Die Goorgomgaai, Gruzulak y Grúfal.

Tipo:
criatura híbrida.

Hábitat: los bosques.

 Alimentación: omnívoro, con preferencia por animales peligrosos.

Tamaño: de 2 a 3 metros.

 Visto en: el libro *El Grúfalo* (1999), de Julia Donaldson, y la película inspirada en él.

Características: es mitad oso grizzly y mitad búfalo, por eso es peludo y grande. Tiene colmillos, garras, dientes terribles en sus grandes mandíbulas, las rodillas nudosas, los dedos de los pies torcidos, una verruga venenosa en la punta de la nariz, ojos color naranja y espinas moradas en la espalda.

Habilidades: su apariencia aterroriza a cualquiera que lo ve; es fuerte y con frecuencia está hambriento.

Debilidades: es bastante crédulo y, aunque no quiera reconocerlo, miedoso.

Gusanos
gigantes

También conocidos como:
Shai-Hulud y Grandes anélidos hambrientos.

Tipo:
gusanos criptozoicos.

Hábitat: desiertos.

Alimentación: todo aquello que se mueva cerca de ellos.

Tamaño: varía, desde unos pocos metros hasta cientos de kilómetros.

Visto en: las películas *Dunas* (1984), *Terror bajo tierra* (1990), *Star Wars Episodio VI* (1983); la novela *La guarida del gusano blanco*, de Bram Stoker, y los mitos de Lovecraft.

Características: son invertebrados de gran tamaño pertenecientes a la clase *Clitellata* —como lombrices comunes—. No tienen ojos y poseen enormes fauces llenas de varias hileras de dientes o lenguas fuertes y elásticas con las que atrapan fácilmente a sus presas.

Habilidades: pueden detectar el movimiento a través de las vibraciones de la tierra y confundirse con el terreno, haciendo difícil detectarlos hasta que es demasiado tarde.

Debilidades: no son depredadores especialmente inteligentes y su gran tamaño representa un obstáculo para su movilidad.

Hafgufa

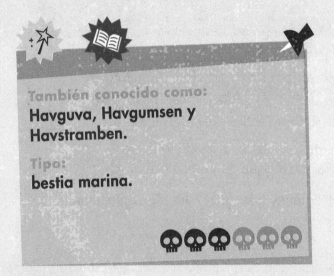

También conocido como:
Havguva, Havgumsen y Havstramben.

Tipo:
bestia marina.

 **Hábitat:** el mar de Groenlandia.

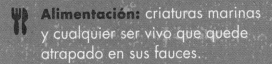 **Alimentación:** criaturas marinas y cualquier ser vivo que quede atrapado en sus fauces.

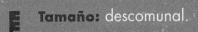 **Tamaño:** descomunal.

Visto en: en leyendas folklóricas, en las poesía escandinava —*heiti*—; en un manual educativo medieval conocido como *El espejo del rey* (1250) —*Konungs skuggsjá*— y en la saga del héroe *Örvar-Oddr* (1314).

Características: los antiguos nórdicos lo describían como un pez tan enorme que puede ser confundido con una isla. La única evidencia de su presencia era el «burbujeo de su respiración» desde el fondo del mar y la formación de nuevos islotes cuando sube a la superficie.

Habilidades: es tan grande que no pueden existir más de dos especímenes en el mundo al mismo tiempo. No es agresivo, pero su movimiento puede hacer naufragar barcos y generar remolinos gigantes.

Debilidades: desconocidas.

Harpías

También conocidas como:
Arpías, Doncellas águilas
y Ministros del trueno.

Tipo:
aves humanoides.

Hábitat: algunos dicen que en una cueva en la isla de Creta; otros, que su hogar es la isla Strophades.

Alimentación: carne humana fresca de los cuerpos de sus víctimas o la comida que les roban para matarlas de hambre.

Tamaño: van desde el tamaño de una gran lechuza hasta un pájaro monstruoso de varios metros.

Visto en: narraciones clásicas como *La Odisea* y *La Eneida*; también aparecen en la saga de *La materia oscura*, de Philip Pullman.

Características: se las describe como hermosas mujeres aladas encargadas de cumplir los castigos de Zeus, pero a través de los siglos comenzaron a ser representadas como criaturas terribles con cuerpos de ave, afiladas garras, orejas de oso y rostro humano de fealdad insoportable.

Habilidades: son mensajeras de las tormentas destructivas, las enfermedades y la mala suerte. Tienen gran fuerza y son muy violentas; su resistencia las hace un objetivo casi indestructible.

Debilidades: la fuerza bruta es lo único que puede vencerlas; aunque según dice Philip Pullman, se volverán más dóciles si se les cuenta una historia que valga la pena. ✒

Hidra

También conocido como:
El monstruo de múltiples cabezas.

Tipo:
bestia mitológica.

Hábitat: lago de Lerna en el golfo de la Argólida, en Grecia, al que acudían los delincuentes para purificar sus males.

Alimentación: cualquiera que se atreva a pasar cerca de ella.

Tamaño: 10 metros.

Visto en: todos los mitos helénicos, los trabajos de Heracles y algunas películas como *Jasón y los argonautas* (1963).

Características: es una bestia enorme de apariencia reptiliana con múltiples cabezas. Su piel es parda con vientre amarillo, sus ojos son color ámbar y tiene afilados colmillos.

Habilidades: si pierde una de sus cabezas puede hacer que le crezcan hasta 10 mil nuevas. Es rápida, muy fuerte y despiadada con sus enemigos. Se dice que resguarda una de las entradas al Inframundo.

Debilidades: si le cortan una cabeza, deben cauterizar la herida para evitar que le crezca otra vez. 🦂

Hombre
Lobo

También conocido como:
Licántropo.

Tipo:
híbrido humanoide.

Hábitat: bosques o regiones inhóspitas. Él mismo se aleja de las zonas pobladas cuando sabe que está cerca su transformación.

Alimentación: cualquier ser vivo que encuentre en su camino, sobre todo personas.

Tamaño: 2.10 metros.

Visto en: las películas *El Hombre Lobo (1941)*, *Santo y Blue Demon vs Drácula y El Hombre Lobo* (1973), *Harry Potter y el prisionero de Azkaban* (2004), entre otros filmes de terror.

Características: de día es como cualquier persona, pero en las noches de Luna llena, se transforma en una bestia canina. El cuerpo está cubierto de pelo, tiene cabeza de lobo, manos de humano y puede andar erguido o en cuatro patas.

Habilidades: es muy fuerte, rápido y muy peligroso. Es difícil sobrevivir a uno de sus ataques, ya que sus mordidas suelen ser letales; aunque si alguien logra escapar con vida, está condenado a convertirse en licántropo.

Debilidades: la plata, ya sea en balas o en cualquier otro objeto con filo; este material les quema la carne como si se tratara de ácido. También se le puede aniquilar decapitándolo o sacándole el corazón. 🐾

Hombre

Pálido

También conocido como:
El devorador de niños.

Tipo:
criatura mágica.

Hábitat: en un reino fantástico, dormido en una guarida repleta de los más deliciosos platillos que se pueda imaginar, pero si se les da aunque sea sólo una mordidita, él despertará y no se detendrá hasta devorar a su víctima.

Tamaño: extremadamente alto.

Alimentación: hadas y la sangre de los pequeños niños hambrientos que se pierden en su reino.

Visto en: la película *El laberinto del Fauno* (2006), de Guillermo del Toro.

Características: su piel es blanca y le cuelga de los huesos; las únicas facciones de su rostro son los huecos donde irían sus ojos y una boca enorme de dientes afilados. Cuando está dormido deja sus ojos reposando en un plato cercano a él; al despertar los coloca en las palmas de sus manos y es mejor huir porque está a punto de atacar.

Habilidades: es un ser cruel y maligno que disfruta perseguir a su presa y crear trampas para atraerla. Tiene gran fuerza y hambre insaciable.

Debilidades: antes de colocarse los ojos en las manos está ciego. Si no se toca alimento alguno de su mesa, no despertará.

Horla

También conocido como:
La presencia fantasma.

Tipo:
entidad invisible.

Hábitat: en una casa de campo, a orillas del río Sena, en Francia.

Alimentación: el temor de su víctima —aunque a veces bebe un poco de agua y leche.

Tamaño: desconocido.

Visto en: el relato fantástico *El Horla*, de Guy de Maupassant, en la serie de televisión de *Star Trek* (1967) y en la película de terror *Diario de un loco* (1963), de Reginald Le Borg.

Características: a pesar de no ser visible, sí tiene una consistencia material —que nadie puede determinar—, con la que va haciendo evidente su presencia en la casa que habita.

Habilidades: puede mover objetos ligeros —la página de un libro, los pétalos de una rosa— y nublar los reflejos de las personas en los espejos. Incluso se puede «comunicar», pero sin emitir palabras, sólo transmite ideas concretas, como su propio nombre. Puede llevar a la locura a quien reconoce su presencia.

Debilidades: imposible determinarlas.

Mr. Hyde

También conocido como:
Edward Hyde.

Tipo:
experimento fallido.

Hábitat: vive oculto dentro del amable y generoso Dr. Henry Jekyll.

Alimentación: el temor y el dolor de sus víctimas.

Tamaño: menor al de un hombre promedio.

Visto en: la novela *El extraño caso del Dr. Jekyll y Mr. Hyde* (1886), de Robert Louis Stevenson, y en más de 200 adaptaciones que se han hecho de ella.

Características: es pálido, bajo y grueso; tiene las manos ásperas y su sola presencia transmite maldad pura. Es cruel, despiadado y muy agresivo. Sólo piensa en hacer daño a cuanto se le acerque. Surgió de una poción que creó el Dr. Jekyll para eliminar de sí mismo todo rastro de la maldad humana.

Habilidades: tiene fuerza sobrehumana y puede dominar la voluntad del Dr. Jekyll, incluso sin la poción.

Debilidades: en algún momento necesitará de nuevo de la poción para existir.

Jabberwock

También conocido como:
Fablistanón y Galimatazo.

Tipo:
bestia fantástica.

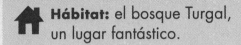 **Hábitat:** el bosque Turgal, un lugar fantástico.

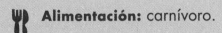 **Alimentación:** carnívoro.

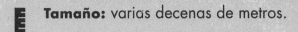 **Tamaño:** varias decenas de metros.

Visto en: las novelas *Alicia a través del espejo* (1871), de Lewis Carroll, y *La visita maravillosa* (1895), de H. G. Wells; en la película *Alicia en el país de las maravillas* (2010) y en el episodio 506 del *Show de los Muppets.*

Características: tiene fuego en los ojos, largas antenas de insecto, alas gigantescas parecidas a las de un pterodáctilo, largo cuello de un saurópodo, huele muy mal y es bastante ágil.

Habilidades: sus dientes son tan poderosos que trituran cualquier cosa y tiene garras muy afiladas.

Debilidades: sólo se puede derrotar con la espada llamada Gladio Vorpal y es necesario cortarle la cabeza.

Kaijus

También conocidos como:
Monstruos gigantes.

Tipo:
bestias colosales.

126

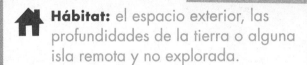 **Hábitat:** el espacio exterior, las profundidades de la tierra o alguna isla remota y no explorada.

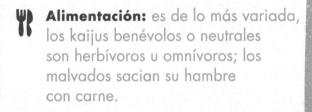 **Alimentación:** es de lo más variada, los kaijus benévolos o neutrales son herbívoros u omnívoros; los malvados sacian su hambre con carne.

Tamaño: va desde 16 metros hasta los 220 metros.

 **Visto en:** la película *Guardianes del Pacífico* (2013), de Guillermo del Toro, y principalmente en el cine tokusatsu japonés.

Características: son animales o seres mitológicos de gran tamaño, aunque también pueden ser plantas y objetos de uso diario, como semáforos y escaleras. Generalmente son neutrales, pero si están hambrientos o la sociedad humana los molesta, son feroces.

Habilidades: son muy fuertes y resistentes debido a su gran tamaño. Algunos tienen poderes psíquicos, respiran fuego, disparan rayos por los ojos o por la boca, emiten gruñidos sónicos, vuelan o manipulan la electricidad y otras fuerzas naturales.

Debilidades: la principal amenaza para un kaiju es otro gigante, ya sea un monstruo de su mismo calibre o un colosal vehículo de ataque tripulado por pilotos humanos llamados *mecha.*

Kappas

También conocidos como:
Kawataro, Komahiki, Kawatora
y Niños de río.

Tipo:
yõkai —demonios humanoides.

Hábitat: ríos y estanques de Japón.

Alimentación: carne de niños, aunque enloquecen por los pepinos.

Tamaño: pequeños como un niño.

Visto en: leyendas japonesas y en los relatos de Ryunosuke Akutagawa.

Características: son una mezcla entre un humano y un reptil; a veces tienen pico y caparazón de tortuga, su piel es verde, sus manos y patas son palmeadas. En la parte superior de su cabeza tienen una especie de hueco que suele estar lleno de agua. Son muy juguetones, traviesos y corteses; siempre contestaran si se les saluda.

Habilidades: son muy inteligentes, tienen conocimientos de medicina y agricultura que ponen al servicio de quien salve su vida. Además son curiosos de las costumbres humanas, por eso aprenden los idiomas del hombre; son causantes de que los niños mueran ahogados.

Debilidades: si se vacía el agua que llevan en el hueco de su cabeza, pueden morir, porque ésta es la que los mantiene vivos; también el fuego logra asustarlos.

King Kong

También conocido como:
La octava maravilla del mundo
y *Megaprimatus Kong*.

Tipo:
bestia gigante.

Hábitat: la isla Calavera.

Alimentación: plantas, frutas y uno que otro animal.

Tamaño: va de los 5.5 metros a los 31.7 metros.

Visto en: la película *King Kong* (1933) y todas sus versiones posteriores.

Características: es un evolucionado simio gigante con inteligencia casi humana.

Habilidades: trepar rascacielos, pelear con dinosaurios y otras criaturas gigantes.

Debilidades: los aviones y enamorarse de mujeres bonitas.

Kraken

También conocido como:
Calamar gigante.

Tipo:
bestia mitológica.

Hábitat: las profundidades del mar.

Alimentación: peces, moluscos, ballenas y marineros que caen de sus barcos.

Tamaño: 90 metros, pero puede alcanzar el tamaño de una pequeña isla.

Visto en: leyendas del siglo XVIII; en la película *Furia de titanes* (1981 y 2010) y la novela *Veinte mil leguas de viaje submarino* (1870), de Julio Verne.

Características: es un pulpo gigante, sus enormes tentáculos tienen poderosas ventosas de 2 metros de diámetro y con sus ojos gigantescos puede vigilar los movimientos de todas las criaturas, estén dentro o fuera del mar.

Habilidades: sus masivos tentáculos pueden aferrar barcos de gran tamaño y sumergirlos en el océano. Cuando despierta o se hunde, su enorme cuerpo crea violentos maremotos.

Debilidades: ambientes secos, arpones, armas cortantes y fuego.

Krampus

También conocido como:
Antisanta Claus.

Tipo:
demonio humanoide.

134

 **Hábitat:** bosques y regiones alpinas de Austria.

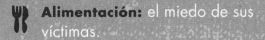 **Alimentación:** el miedo de sus víctimas.

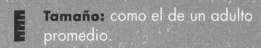 **Tamaño:** como el de un adulto promedio.

Visto en: leyendas europeas, la película *Krampus* (2015), en videojuegos y series de televisión.

Características: es mitad cabra y mitad demonio; tiene el cuerpo cubierto por pelo de color oscuro, cuernos y colmillos. Siempre carga una cadena, unas campanillas y varas de abedul; también lleva una bolsa de cuero —o canasta— atada a su espalda.

Habilidades: su apariencia aterradora asusta. Sale cada 5 de diciembre para azotar a los niños que se portan mal hasta que los vuelve buenos; si ellos se resisten a la bondad, entonces se los lleva al Inframundo.

Debilidades: nada puede disuadirlo de su misión; su labor es generar conciencia en las personas para que tengan más consideración por los demás.

Leprechaun

También conocido como:
El duendecillo acuoso y El que sólo hace un zapato.

Tipo:
criatura feérica —mitad material y mitad espiritual.

Hábitat: bosques y regiones apartadas de Irlanda.

Alimentación: frutos, setas y pequeños animales del bosque.

Tamaño: entre 15.5 centímetros y medio metro de altura —según su edad.

Visto en: cuentos tradicionales, caricaturas como *Looney Tunes* y en la serie de películas *Leprechaun* (1993 a 2014).

Características: son pequeños hombrecitos con barba; visten un saco, pantalones ajustados —a la rodilla—, medias blancas, zapatos con hebillas y sombrero tricornio de copa alta. Antiguamente se creía que su traje era de color rojo con botones brillantes.

Habilidades: se dice que resguardan un caldero lleno de oro al final del arcoíris; pueden aparecer y desaparecer de forma instantánea y, a veces, hacen travesuras a la gente que los rodea. Si les hacen un regalo valioso, dan protección de por vida.

Debilidades: si se fija la mirada sobre uno de ellos, no podrá escapar hasta mirar hacia otro lado.

Leviatán

También conocido como:
El gigante del mar.

Tipo:
bestia mitológica.

Hábitat: el fondo de los océanos.

 Alimentación: otras criaturas marinas.

 Tamaño: cientos de metros.

Visto en: tablillas de Ugarit (siglo XIV a. C.), el Antiguo Testamento, el Apocalipsis de San Juan, el Talmud hebreo y en infinidad de relatos fantásticos.

Características: es muy parecido a un dragón sin alas; su piel tiene escamas color verde esmeralda muy juntas y duras que le sirven como escudo. Otras descripciones lo muestran con siete cabezas y 10 cuernos.

Habilidades: es poderoso y prácticamente invencible. De sus fauces expulsa una especie de ácido corrosivo con el cual puede quemar a sus enemigos. Se dice que sólo se le verá cuando llegue el fin del mundo.

Debilidades: sólo una deidad puede derrotarlo.

Liche

También conocido como:
El rey Lich y Sweet pie.

Tipo:
criatura mágica.

Hábitat: el mal mismo, el Universo.

Alimentación: no necesita comer para nutrirse, pero la maldad lo hace crecer.

Tamaño: varía, puede adoptar el tamaño que quiera. Su habilidad para poseer otros cuerpos le permite cambiar de apariencia, puede ser un caracol o un gigantesco esqueleto.

Visto en: la serie de televisión *Hora de aventura*.

Características: parece un esqueleto en descomposición, cuya piel verde se va cayendo; tiene dos cuernos de carnero —uno de ellos está roto—; viste harapos y una corona.

Habilidades: a su paso la naturaleza va muriendo. Puede proyectar bolas de energía mortales; controla la mente de otros y a los muertos; vuela y tiene una gran fuerza física.

Debilidades: los objetos que han sido regalados con amor funcionan como escudo ante sus poderes; puede ser vencido con un arma mística llamada «Guantelete del héroe».

M-113

También conocido como:
Vampiro de sal, el último de su clase.

Tipo:
alienígena humanoide.

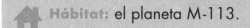

Hábitat: el planeta M-113.

Alimentación: sales y minerales.

Tamaño: 1.5 metros.

Visto en: la serie de televisión *Viaje a las estrellas* (1966).

Características: su cuerpo café está cubierto por pelo blanco; tiene ojos hundidos y sus fauces sobresalen de su rostro en una pequeña trompa tipo ventosa llena de dientes. Son poco altos, pero muy fuertes; tienen tres dedos llenos de ventosas.

Habilidades: puede extraer la sal de cualquier criatura viviente utilizando su boca y las ventosas de sus dedos. Tiene poderes psíquicos que le permiten controlar a sus víctimas y adoptar su apariencia con una proyección holográfica.

Debilidades: al ser extremadamente mortal y resistente, es difícil combatirlo o herirlo; se requieren armas de alto calibre para lastimarlo. La falta de sal los llevará a la muerte.

Marcianos

invasores

También conocidos como:
Hombrecitos verdes.

Tipo:
extraterrestres colonialistas.

Hábitat: el planeta Marte.

Alimentación: cualquier criatura terrícola.

Tamaño: no más de 1 metro de alto.

Visto en: series como *Flash Gordon* (1936) y *Buck Rogers* (1939); en la serie animada *Los Picapiedra* (1965); en el libro *La guerra de los mundos* (1898), de H. G. Wells, y en la película *Mars Attacks!* (1996), de Tim Burton.

Características: son pequeños, de piel verdosa, delgados, con grandes cabezas, ojos alargados y —a veces— con antenas.

Habilidades: muy inteligentes y tienen tecnología avanzada. Usan platillos voladores y armas de rayos.

Debilidades: generalmente son derrotados por algo inofensivo para los humanos como bacterias terrestres o música estridente.

Minotauro

También conocido como:
El monstruo de Minos.

Tipo:
bestia mitológica.

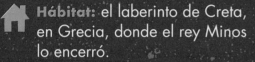

Hábitat: el laberinto de Creta, en Grecia, donde el rey Minos lo encerró.

Alimentación: los siete hombres y siete mujeres que deben ofrecerle cada año como ofrenda.

Tamaño: 2 metros.

Visto en: la mitología griega, aunque es una criatura tremendamente popular.

Características: es parte hombre y parte toro; usualmente se le representa con la cabeza de animal y el cuerpo de un humano, aunque con pezuñas, en lugar de pies.

Habilidades: tiene una gran fuerza, fiereza, destreza y buena orientación.

Debilidades: es poco inteligente, tiene aversión a los ovillos de lana y a la espada de Aegeus.

La Momia

También conocido como:
Imhotep.

Tipo:
muerto viviente.

Hábitat: pasó miles de años encerrado en una tumba egipcia; cuando ésta fue profanada, resucitó.

Alimentación: no necesita comer.

Tamaño: 1.70 metros

Visto en: 14 películas dedicadas exclusivamente a este personaje; la más antigua es *La momia* (1932), de Karl Freund; la última, *El rey escorpión 4:* (2015), de Mike Elliot.

Características: es el cadáver de un hombre envuelto en harapos. Fue un sacerdote egipcio que enterraron vivo por querer resucitar a su amada.

Habilidades: puede asumir identidades de otras personas y controlar a otros con la mente; posee fuerza sobrenatural.

Debilidades: el recuerdo de su amada e invocar a la diosa Isis, quien puede desintegrarlo.

Monstruo

del lago Ness

También conocido como:
Nessie.

Tipo:
criatura legendaria.

 **Hábitat:** el Lago Ness, cerca de la ciudad de Inverness, Escocia.

Tamaño: varios metros de largo.

 **Alimentación:** pequeñas criaturas del lago.

Visto en: reportes de avistamientos y en los cientos de documentales, películas y libros que han especulado sobre qué tipo de criatura podría ser.

Características: es una especie de plesiosaurio o de serpiente marina. El primer registro de su «existencia» aparece en el libro *Vida de San Columba,* que data del siglo VI de nuestra era.

Habilidades: ha evadido con maestría el centenar de expediciones que se han realizado desde 1934 en su búsqueda, aunque se logró «capturar una imagen» del monstruo en una fotografía.

Debilidades: no se sabe ninguna, pero seguro la contaminación del lago ya lo mató o no tarda en hacerlo.

Monstruo
de la Laguna Negra

También conocido como:
Gill Man.

Tipo:
anfibio humanoide.

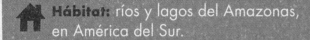

Hábitat: ríos y lagos del Amazonas, en América del Sur.

Alimentación: peces y criaturas pequeñas. Le fascinan los huevos cocidos de gallina.

Tamaño: 1.75 metros.

Visto en: *El monstruo de la laguna negra* (1954), de Jack Arnold, y en *La forma del agua* (2017), de Guillermo del Toro.

Características: tiene apariencia de reptil, sus manos son palmeadas —como las patas de los patos— y terminan en afiladas garras.

Habilidades: es muy fuerte, hábil y sigiloso. No es peligroso a menos que lo ataquen. Tiene la habilidad de curarse a sí mismo o incluso a otras personas, así sea de heridas mortales.

Debilidades: se siente atraído por las mujeres. Si pasa demasiado tiempo fuera de su ámbito marino podría morir.

Morlocks

También conocidos como:
Mi-Go y Subhombres.

Tipo:
criaturas infrahumanas.

Hábitat: el subsuelo de Inglaterra en el futuro.

Alimentación: devorar a otra raza derivada de la especie humana, los Eloi.

Tamaño: ligeramente más pequeños que un humano promedio.

Visto en: la novela *La máquina del tiempo,* de H.G. Wells, y las películas basadas en ella.

Características: eran humanos convencionales, pero después evolucionaron con un aspecto grotesco; su piel es gruesa y color gris pálido; sus ojos son rojos y enormes; a menudo se les representa con cabello largo y de color blanco.

Habilidades: viven bajo tierra, operando antiguas maquinarias cuyo significado ya no recuerdan. Sólo salen a la superficie en las noches de caza.

Debilidades: la luz del sol.

La Mosca

También conocido como:
André Delambre y Seth Brundle.

Tipo:
experimento fallido.

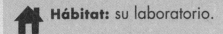 **Hábitat:** su laboratorio.

Alimentación: cualquier cosa con mucha azúcar.

Tamaño: 1.70 metros.

Visto en: el relato *La mosca* (1957), de George Langelaan, y las películas basadas en éste de 1958 y 1986.

Características: en un experimento de teletransportación fue fusionado genéticamente con una mosca, convirtiéndolo en una nueva especie.

Habilidades: mucha fuerza, rapidez y agilidad; puede pegarse a cualquier superficie y brincar entre edificios.

Debilidades: cierto grado de conciencia humana le permite no hacer daño.

Nagas

También conocidas como:
Gran serpiente.

Tipo:
deidades.

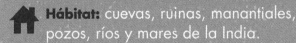 **Hábitat:** cuevas, ruinas, manantiales, pozos, ríos y mares de la India.

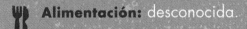 **Alimentación:** desconocida.

 **Tamaño:** entre 3 y 6 metros.

🔍 **Visto en:** el libro épico *Majabharata* (siglo III a. C.) y en el videojuego *Final Fantasy* XV (2016).

Características: pueden ser sólo serpientes gigantes o tener torso y cuerpo de mujer. Las nagas acuáticas tienen escamas verde esmeralda y ojos verdes; las terrestres, ojos dorados y escamas verdes y doradas; algunas otras tienen el cabello y los ojos oscuros y escamas negras o rojas.

Habilidades: son seres muy hermosos y carismáticos, utilizan esta apariencia para ejercer poder; también pueden convertirse en humanos; matan a sus enemigos escupiéndoles veneno, mordiéndolos o apretándolos fuertemente con su poderosa cola.

Debilidades: cualquier tipo de arma.

Nahuales

También conocidos como:
Nawal, Nahual, Nahualli
o Rajawal.

Tipo:
hechiceros.

Hábitat: Mesoamérica.

Alimentación: omnívora, pero mayormente carnívora.

Tamaño: varía según la apariencia del animal que desee adoptar.

Visto en: leyendas prehispánicas.

Características: se trata de poderosos chamanes y brujos que toman la forma corpórea de jaguares, coyotes, lobos, pájaros o perros; éstos pueden tener un tamaño mayor y aspecto más amenazador y fiero que los animales naturales.

Habilidades: el chamán adquiere las características del animal en el que se transforma —volar, ser veloz, etcétera.

Debilidades: su cuerpo humano queda inerte y vulnerable cuando se convierten en animales. Si el nahual sufre algún daño, el chamán también lo recibirá, y viceversa. ✎

Nuckelavee

También conocido como:
Nuckalave y Demonio del mar.

Tipo:
demonio híbrido.

Hábitat: mares de las islas Orcadas, Escocia.

Alimentación: desconocida.

Tamaño: más grande que un caballo.

Visto en: la narración de un isleño llamado Walter Trail Dennison —habitante de Sanday, Escocia, quien tuvo un avistamiento con este ser— y en el libro las *Descripciones de Orkney* (siglo XVI), de Lain de Jo Ben.

Características: es un enorme caballo de cuya espalda sale un torso y cabeza humanos. La cabeza humana tiene un solo ojo llameante como el fuego y una boca gigantesca. No está recubierto por piel, así que pueden apreciarse sus fuertes músculos y tendones a carne viva.

Habilidades: es extremadamente fuerte, veloz e iracundo; de su boca se desprende un aliento hirviente que causa la pérdida de las cosechas y envenena cualquier tipo de vida animal. Su principal objetivo es causar mal a la raza humana.

Debilidades: no soporta el agua dulce, si se le rocía aunque sea un poco es como quemarlo; tampoco tolera el olor del humo provocado por la quema de algas, ya que éste contiene carbonato de sodio y tan solo olfatearlo le provoca una ira incontenible.

Ogros

También conocidos como:
Gigantes.

Tipo:
criaturas humanoides.

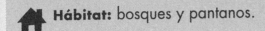 **Hábitat:** bosques y pantanos.

Alimentación: carne, particularmente la humana.

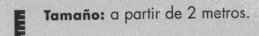 **Tamaño:** a partir de 2 metros.

Visto en: las películas *Shrek* (2001) y *El ogro* (2008); en las sagas de *El Señor de los Anillos* y en las *Crónicas de Spiderwick*; también en videojuegos como *World of Warcraft*.

Características: son grandes, torpes y pesados; tienen abundante vello oscuro y enorme apetito; su piel puede ser de color verde o violeta llena de verrugas; no son muy higiénicos, por esa razón se puede percibir su olor fétido a pesar de estar lejos.

Habilidades: gran fuerza y mandíbulas de acero que pueden moler huesos y bestias enormes.

Debilidades: su lentitud y torpeza, además de su poca inteligencia. También se sabe de su gran codicia, que puede ser usada en su contra.

Oni

También conocido como:
Ogro.

Tipo:
demonio humanoide.

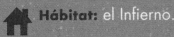 **Hábitat:** el Infierno.

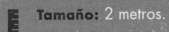 **Tamaño:** 2 metros.

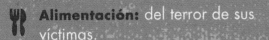 **Alimentación:** del terror de sus víctimas.

Visto en: relatos japoneses e infinidad de mangas y ánimes como *Dragon Ball Z* (1989).

Características: tienen forma casi humana, salvo porque su piel es de un color distinto, dependiendo de su personalidad; cuando es roja, es avaro; si es azul, es iracundo, y si es negro, es tonto. Tienen colmillos y cuernos; siempre usan un taparrabos de piel de tigre y cargan un arma mágica llamada kanabo —un báculo de hierro.

Habilidades: son muy fuertes e invencibles, además pueden volar. Salen del Infierno —en una carreta ardiente— para llevarse consigo a la gente malvada y castigarla por sus crímenes o, a veces, sólo para aterrorizarla.

Debilidades: a pesar de su apariencia amenazante, son demasiado sentimentales; se pueden derrumbar emocionalmente y son muy fáciles de engañar. ✒

Orcos

También conocidos como:
Gorgûn, Trasgos o Glamhoth.

Tipo:
criaturas humanoides.

Hábitat: tierras medievales fantásticas.

Alimentación: carne.

Tamaño: la altura de un hombre promedio, aunque pueden ser más bajos.

Visto en: la mitología celta; el poema *Beowulf*, las sagas de *Harry Potter*, *El señor de los anillos* y *Mundodisco*, de Terry Pratchett; en videojuegos como *Warcraft* o *Warhammer* y en juegos de rol como *Empire Strike*.

Características: son seres humanoides de inteligencia poco desarrollada, violentos, sucios. Su piel suele ser verde o gris; sus ojos tienen un resplandor rojizo, lo cual hace que brillen en la oscuridad; sus orejas son puntiagudas.

Habilidades: se distinguen por su fuerza bruta, gustan de atacar en grupo. Suelen ir armados con herramientas primitivas elaboradas por ellos mismos.

Debilidades: su poca inteligencia no les permite un pensamiento estratégico, así que es fácil engañarlos.

Pennywise

También conocido como:
Bob Gray, El payaso bailarín,
Eso y La araña.

Tipo:
entidad omnipresente.

Hábitat: cuando está despierto, ronda por las alcantarillas.

Alimentación: del miedo y de carne humana.

Tamaño: depende de la forma que adopte.

Visto en: la novela *ESO* (1986), de Stephen King, la miniserie de televisión de 1990 y la película de 2017.

Características: es un ser malévolo que existe desde que se formó el Universo; no tiene un físico natural, pero en la Tierra suele manifestarse como un payaso o una araña gigante.

Habilidades: puede tomar la forma de las peores pesadillas, desde hombres lobo hasta tiburones. Tiene fuerza y velocidad extremas, puede controlar la mente de otros. Duerme en lapsos de 27 a 30 años, después despierta y busca crear caos y miedo para alimentarse.

Debilidades: no tenerle miedo y enfrentarlo con mucha valentía. Su peor enemigo es otro ser llamado La Tortuga, éste representa la fuerza contraria a Pennywise, es la bondad.

Pie
Grande

También conocido como:
Sasquatch, Mapinguari, Yeti y Yowe.

Tipo:
bestia humanoide.

Hábitat: en los bosques del noroeste del Pacífico, en América del Norte.

Alimentación: criaturas y frutos del bosque.

Tamaño: 2.7 metros.

Visto en: leyendas, periódicos sensacionalistas, en la película *Bigfoot* (1970) y en la serie de televisión *Harry y los Henderson* (1991).

Características: se trata de un animal con forma simiesca, alto, de pelo abundante y oscuro; tiene la cabeza pequeña y el semblante enojón. Debe su nombre a las supuestas «huellas» que se han encontrado de él, de 60 centímetros de largo por 20 centímetros de ancho.

Habilidades: se cree que es muy fuerte, muy veloz para correr y hábil para evitar contacto con otras especies, en especial la humana.

Debilidades: no se le conoce ninguna, pero acabar con su entorno natural podría poner en riesgo su existencia.

Quimera

También conocida como:
El animal fabuloso
y El monstruo híbrido.

Tipo:
bestia mitológica.

174

Hábitat: regiones del Asia Menor.

 Tamaño: más grande que un león convencional.

 Alimentación: diversos animales y rebaños enteros.

 Visto en: leyendas y en la película *Furia de titanes 2* (2012).

Características: es un ser híbrido; la parte delantera es de león, la posterior, de macho cabrío. Tiene enormes alas y tres cabezas, una de león, otra de macho cabrío y una más de dragón que sale de su cola.

Habilidades: es sumamente rápida y fuerte; sus garras de león desgarran cualquier cosa, su cabeza de dragón lanza fuego y utiliza su cabeza de cabra para dar fuertes golpes.

Debilidades: no es inmortal, pero sí muy fuerte, así que sólo basta ser muy valiente y tener buenas habilidades con las armas para enfrentarla.

Rancor

También conocido como:
desconocido.

Tipo:
reptil extraterrestre.

176

Hábitat: en las grutas y llanuras de los planetas Dathomir, Felucia y Tatooine.

Alimentación: carnívoro.

Tamaño: 5 metros.

Visto en: varias películas de la saga de *Star Wars* y en el libro *Un niño y su monstruo: la historia del cuidador de Rancor* (1996) —*A boy and his monster: The Rancor keeper's tale*—, de Kevin J. Anderson.

Características: es un ser reptomamífero de afilados colmillos, piel gruesa de color marrón o azul oscuro y de ojos negros; puede caminar en dos o cuatro patas. Aunque tiene hábitos predatorios, su naturaleza no es particularmente agresiva o malvada.

Habilidades: fuerte y resistente, se le considera bestia de carga, transporte o ataque, pero se sabe de ejemplares que demuestran inteligencia, incluso pueden aprender a leer y escribir.

Debilidades: su visión en la luz del día se reduce considerablemente y no son invulnerables cuando se les aplica la fuerza necesaria. 🐾

Reina

Alien

También conocida como:
La madre de los monstruos.

Tipo:
criatura extraterrestre.

Hábitat: pueden sobrevivir en prácticamente cualquier ambiente, incluso bajo el agua. Pero se le encuentra en el planeta natal de los xenomorfos.

 Alimentación: cualquier animal o ser vivo superior.

Tamaño: 6 metros.

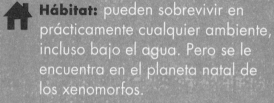 **Visto en:** la saga de películas *Alien* y en los videojuegos basados en ellas.

Características: se distingue por una enorme cresta que sale de su cabeza, tiene púas puntiagudas en los costados y una gran cola con un aguijón muy resistente capaz de despedazar cualquier cosa. Su sangre es tan ácida que puede corroer el acero.

Habilidades: puede poner y fertilizar sus propios huevos; es muy veloz, alcanza los 60 kilómetros por hora cuando corre. Es muy inteligente, tiene un sistema de comunicación similar al de las termitas con el que dirige a su colmena. Es inmune al calor y al frío extremos. Emplea su saliva para inmovilizar a sus presas y también para hacer sus nidos.

Debilidades: las armas de fuego o cualquier tipo de combustión y la artillería pesada como las armas de los Yautjas.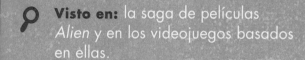

Roc

Tambien conocido como:
**El rey de los pájaros
y La montaña voladora.**

Tipo:
bestia mitológica.

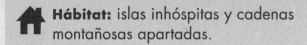 **Hábitat:** islas inhóspitas y cadenas montañosas apartadas.

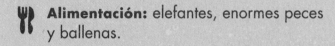 **Alimentación:** elefantes, enormes peces y ballenas.

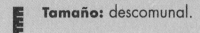 **Tamaño:** descomunal.

Visto en: leyendas de China y el Indostán; en los relatos medievales de *Las mil y una noches*; en la cinta *El séptimo viaje de Simbad* (1958), de Nathan Juran, y en el juego de *Calabozos y dragones*.

Características: se trata de una enorme ave de rapiña semejante a un águila, de plumaje marrón y dorado.

Habilidades: es enorme, puede volar a alturas vetadas para otras especies.

Debilidades: no se le conoce ninguna, salvo la extinción de sus fuentes de alimento.

Sadako

También conocida como:
Samara Morgan, Sadako Yamamura y La niña del aro.

Tipo:
espectro maligno.

 **Hábitat:** las pantallas de los televisores.

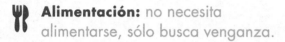 **Alimentación:** no necesita alimentarse, sólo busca venganza.

 **Tamaño:** la estatura promedio de una mujer de 19 años.

Visto en: la novela *Ringu* (1991), de Koji Suzuki; en las películas basadas en ella y varios cómics.

Características: piel completamente blanca, ojos negros, su largo cabello cubre completamente su rostro y usa un atuendo blanco, puede ser un vestido o una bata de hospital.

Habilidades: tiene poderes psíquicos. Creó una película maldita, quien la ve tiene una semana para lograr que otros también la vean y así pasar la maldición, de lo contrario, morirá.

Debilidades: ignorar su existencia o no ver su película. ☙

Sin

Rostro

También conocido como:
Kaonashi.

Tipo:
 espectro mágico.

Hábitat: puentes y saunas.

Alimentación: todo tipo de materia, inerte o consciente.

Tamaño: su cuerpo cambia según lo que consuma.

Visto en: la película animada *El viaje de Chihiro* (2003), de Hayao Miyazaki.

Características: su cuerpo se asemeja a un tubo negro semitransparente y parece tener una máscara pintada en el rostro, debajo de esa apariencia esconde enormes fauces, patas y largos brazos.

Habilidades: puede ingerir cualquier tipo de materia, incluyendo seres vivos, y adoptar sus características; sabe conjuros mágicos y tiene la capacidad de crear oro del aire; posee gran fortaleza física y puede hacerse invisible.

Debilidades: la soledad y el hambre.

Sinsimito

También conocido como:
El señor de los animales,
Monstruo de la selva o Poderoso
guardián del cerro.

Tipo:
criatura salvaje.

Hábitat: en las cavernas de selvas y bosques de Mesoamérica.

Alimentación: carne humana, preferentemente de niños.

Tamaño: el de un hombre grande y corpulento.

Visto en: leyendas mexicanas.

Características: tiene rasgos humanos, cuerpo de gorila, largo pelaje y los pies al revés.

Habilidades: se mueve dando grandes saltos, su carácter es feroz e irracional y su fuerza descomunal.

Debilidades: hacerlo reír hasta que se caiga, pues le es muy difícil ponerse en pie.

Sirenas

También conocidas como:
Meerjungfrau y Doncellas marinas.

Tipo:
criaturas mitológicas.

Hábitat: mares, océanos y lagunas.

Alimentación: la carne de los marinos que naufragan.

 Tamaño: 1.60 metros.

 Visto en: los libros *La Odisea*, de Homero, *La pequeña sirena*, de Hans Christian Andersen, y *Las mil y una noches*; las películas animadas *La sirenita* y *Peter Pan*, de Disney, y en la película de *Splash* (1984), de Ron Howard.

Características: la parte superior corresponde al cuerpo de una mujer hermosa, pero de la cintura para abajo tienen cola de pez.

Habilidades: poseen la capacidad de hipnotizar con su canto a quien las escuche para atraerlo y comérselo.

Debilidades: arpones y armas punzocortantes. Si salen del mar, mueren. También pueden morir de tristeza o de hambre, tras lo cual se convertirán en espuma del mar.

Skeksis

También conocidos como:
desconocido.

Tipo:
raza mágica.

Hábitat: el planeta Thra.

 Alimentación: la energía vital de Gelflings y Podlings.

 Tamaño: de 1.80 a 2 metros.

 Visto en: la película *El cristal encantado* (1982), de Jim Henson y Frank Oz.

Características: parecen una mezcla de reptil, ave carroñera y dragón. Son criaturas bípedas con dos pares de brazos, largas colas, vestiduras pesadas y ornamentadas que esconden sus horribles cuerpos en descomposición. Tienen un carácter violento y grosero; cultivan el odio, la desconfianza y están obsesionados con alargar sus vidas más allá de los límites naturales.

Habilidades: poseen gran fuerza física, alentada por su tendencia a resolver cualquier disputa mediante violetos combates. También cuentan con la ayuda de los Garthim, criaturas enormes y tentaculares que ellos mismos crearon para seguir órdenes, y cuyo único propósito es la destrucción. Usan las luces de los soles que se filtran por el cristal encantado para robar la energía de sus víctimas, alimentarse y extender su vida.

Debilidades: la codicia de la vida eterna y su naturaleza violenta son la causa principal de que estén muriendo.

Slenderman

También conocido como:
El hombre alto, El hombre delgado, Der Schlanker Mann, Fear Dubh y Schlankwald.

Tipo:
espectro humanoide.

Hábitat: prefiere los bosques solitarios de árboles altos, pero puede aparecer en cualquier lado.

Alimentación: desconocida.

Tamaño: entre 2 y 4 metros.

Visto en: nació en un foro de internet llamado *Awful Forum*, y fue producto de un concurso para alterar imágenes, haciéndolas ver aterradoras. Ha aparecido en videojuegos, cortometrajes, historias cortas de terror hechas por cibernautas —*creepypastas*— y películas.

Características: es extremadamente alto y delgado, su rostro es blanco sin rasgos, y viste un traje negro, camisa blanca y corbata. Puede parecer un humano, pero definitivamente no lo es.

Habilidades: produce terror y pesadillas; sigue a su presa por largos periodos de tiempo, causándole todo el horror posible. Tiene poderes psíquicos y su presencia interfiere con los aparatos electrónicos. Su cuerpo puede cambiar de forma, hacerse invisible y de su torso y brazos brotan tentáculos. Se le relaciona con desapariciones de niños y adultos.

Debilidades: desconocidas.

Sun
Wukong

También conocido como:
Rey Mono.

Tipo:
deidad humanoide.

194

Hábitat: Montaña de las Flores y las Frutas.

Alimentación: plantas, árboles, flores, frutas y agua de los arroyos.

Tamaño: gigante.

Visto en: la novela clásica *Viaje al Oeste (1590)*, del monje budista Xuanzang; en las películas *Viaje al Oeste: conquistando a los demonios* (2013), *El rey mono 1 y 2* (2014 y 2016), *Wukong* (2017) y *La rebelión del rey Kun Fu Sun* (1985); también en el videojuego *Smite* (2014). Este monstruo sirvió de inspiración para crear a Gokú, de la serie animada *Dragon Ball*.

Características: es una mezcla entre humano y un enorme mono musculoso.

Habilidades: puede dar saltos hasta de 8 mil millas, soporta el ataque de 100 mil guerreros y se transforma en 72 animales y objetos. Es muy ágil y fuerte, es el único que puede cargar el báculo mágico llamado Riyu Jingu Bang que pesa 8.1 toneladas y cambia de tamaño. Además viaja a bordo de una nube voladora —¿te suena familiar?

Debilidades: ninguna, es inmortal, pero su orgullo puede hacer que lo engañen fácilmente para atraparlo y encerrarlo en una montaña mágica. 🐾

Tifón

También conocido como:
La última criatura autóctona
y El más grande que ha existido.

Tipo:
bestia mitológica.

Hábitat: nació en la cueva Coriciana de Sicilia, Grecia.

Alimentación: del temor de los dioses.

Tamaño: es el monstruo más grande que ha existido jamás. Cuando extiende los brazos, éstos tienen cien leguas de longitud a cada lado.

Visto en: todos los mitos y leyendas griegos.

Características: en lugar de manos, tiene incontables cabezas de serpientes; de los muslos hacia abajo su cuerpo son miles de serpientes enroscadas, también tiene alas y ojos que salen de sus hombros, los cuales resplandecen como el fuego.

Habilidades: además de su fuerza y tamaño descomunales, sus cabezas pueden imitar el habla de los dioses o el sonido de cualquier animal. Se le relaciona con los huracanes porque el viento que producen sus enormes alas puede arrasar bosques y comarcas.

Debilidades: los rayos del dios Zeus lo hirieron de gravedad, pero comer los frutos efímeros y carne de humano pueden debilitar su fuerza.

Tomates

Asesinos

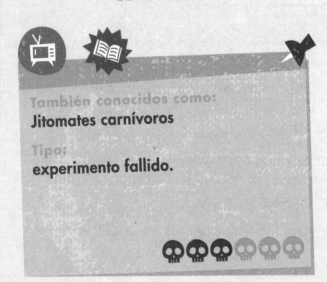

También conocidos como:
Jitomates carnívoros

Tipo:
experimento fallido.

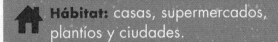 **Hábitat:** casas, supermercados, plantíos y ciudades.

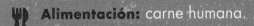 **Alimentación:** carne humana.

Tamaño: crecen conforme se alimentan.

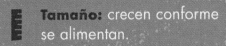 **Visto en:** la película *El ataque de los tomates asesinos* (1978), sus tres secuelas, una serie animada y varios videojuegos.

Características: son una raza de jitomates genéticamente mutados por el profesor Mortimer Gangreen. Al principio son muy pequeños, pero después crecen y se vuelven gigantes; algunas veces tienen enormes ojos y fauces plagadas de dientes muy filosos con los que devoran a sus víctimas.

Habilidades: pueden rodar con gran velocidad y son explosivos.

Debilidades: la música. Ciertas canciones melosas los hacen explotar.

Totoro

También conocido como:
El rey del bosque.

Tipo:
espíritu del bosque.

Hábitat: el árbol de alcanfor más grande del bosque.

Alimentación: nueces y frutos del bosque.

Tamaño: pueden ser de 30 centímetros —Chibi Totoro—, 1 metro —Chuu Totoro— o 3 metros —Oh Totoro.

Visto en: la película animada *Mi vecino Totoro* (1988), de Hayao Miyazaki.

Características: su apariencia es una mezcla de un tanuki —animales japoneses parecidos a los mapaches—, un gato y una lechuza. Son pacíficos, comelones y juguetones. Duermen todo el día.

Habilidades: tocan la ocarina por las noches y les gusta jugar al trompo y bailar. Se transportan de bosque en bosque mediante un «gatobús», que es tal como se oye, un gran gato en forma de autobús. Protegen a los niños y pueden ser invocados al plantar semillas y nueces que harán germinar por una noche un alcanforero mágico.

Debilidades: no les gusta la lluvia. Si durante una tormenta les prestas tu paraguas, puede que te recompensen con un viaje en «gatobús». 🐭

Trol

También conocido como:
Demonio de las cavernas.

Tipo:
bestia mitológica.

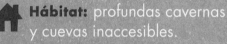

Hábitat: profundas cavernas y cuevas inaccesibles.

Alimentación: cualquier criatura que se atraviese a su paso.

Tamaño: de 3 a 4 metros.

Visto en: relatos y cuentos de hadas; en la ópera *El anillo del Nibelungo*, de Richard Wagner; en las sagas sobre la Tierra Media de J.R.R. Tolkien; en los libros de *Harry Potter* y en la serie *Trollhunters* (2016), de Guillermo del Toro.

Características: son grandes y horribles, tienen muy mal olor —a tierra podrida—, su piel puede ser de color verde y con pelo enmarañado oscuro, generalmente; son muy hostiles y violentos.

Habilidades: son extremadamente fuertes; algunos pueden cambiar su forma en piedras enmohecidas o troncos caídos para pasar inadvertidos.

Debilidades: temen al hierro forjado, a los truenos y a la luz del sol, que puede convertirlos en piedra.

Tukakame

También conocido como:
Dios de la muerte de los indios huicholes.

Tipo:
deidad.

Hábitat: el Inframundo.

Alimentación: carne humana.

Tamaño: 1.80 metros.

Visto en: leyendas huicholas y en el libro *Monstruos mexicanos* (2014), de Carmen Leñero.

Características: a menudo se le representa como un hombre muy alto y negro cubierto de sangre; en la parte trasera de la cabeza, por la nuca, tiene unas incisiones en las que cuelga a sus víctimas. Su piel es transparente, pueden verse a través de ella algunos de sus órganos. Su aparición presagia la muerte y su mensajero es un tecolote blanco.

Habilidades: puede transformarse en araña, esqueleto o lobo para salir de cacería.

Debilidades: el canto del gallo lo hace desaparecer y la flecha sagrada *muwieri* puede herirlo.

Vampiros

También conocidos como:
Drácula o Chupasangre.

Tipo:
muertos vivientes.

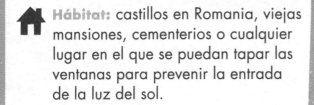 **Hábitat:** castillos en Romania, viejas mansiones, cementerios o cualquier lugar en el que se puedan tapar las ventanas para prevenir la entrada de la luz del sol.

 **Alimentación:** sangre humana.

Tamaño: variable, dependiendo de las características físicas que la persona tenía cuando estaba viva.

Visto en: *Plaza Sésamo*; en películas clásicas como *Nosferatu* (1922), de Friedrich Wilhelm Murnau, o en las *Crónicas vampíricas,* de la escritora Anne Rice. ¡Es el más famoso!

Características: generalmente lucen como personas comunes, porque de hecho algún día lo fueron, sólo que se les percibe muy atractivos, de piel pálida y mirada distinta, algunos tienen un pequeño resplandor en las pupilas; también tienen largos y afilados colmillos que permanecen ocultos hasta el momento en que deben alimentarse.

Habilidades: son prácticamente inmortales. Pueden adoptar la forma de cualquier animal. Tienen gran fuerza y habilidad física; pueden volar, manipular el clima, hipnotizar, leer los pensamientos ajenos y, por supuesto, convertir a inocentes humanos en vampiros.

Debilidades: el ajo, el fuego, las estacas en el corazón, las imágenes religiosas, la luz del sol y los espejos.

Weeping
Angels

También conocidos como:
Ángeles llorosos y Los asesinos solitarios.

Tipo:
criaturas extraterrestres.

Hábitat: cementerios, iglesias, parques y cualquier lugar decorado con estatuas.

Alimentación: la energía de aquellos a quienes capturan.

Tamaño: hasta 2 metros.

Visto en: la serie de televisión *Doctor Who*.

Características: son criaturas tan antiguas como el Universo, su piel parece de piedra y por miles de años han adoptado la forma de estatuas angelicales que, llorando, se tapan el rostro con las manos.

Habilidades: pueden moverse con velocidad y destreza cuando no son observados; su toque enviará a su víctima hacia el pasado, sin posibilidad de regresar a su tiempo de origen, si el ángel no decide matarla primero.

Debilidades: no pueden moverse mientras sean vistos. Sus poderes cuánticos también pueden volverse en su contra; si se miran unos a otros, se quedarán atrapados, inmóviles.

Wild

Things

También conocidos como:
Vilde chaya —monstruos salvajes.

Tipo:
criaturas imaginarias.

Hábitat: islas lejanas —e imaginarias.

Alimentación: niños prófugos.

Tamaño: de 2 a 3 metros.

Visto en: el libro *Donde viven los monstruos*, de Maurice Sendak, y la película basada en éste, dirigida por Spike Jonze.

Características: son seres peludos y hambrientos, pueden ser una mezcla de varios animales como koalas, rinocerontes, mapaches, simios, aves o cabras. Son traviesos y, tal como su nombre lo indica, salvajes. Sus nombres son Tzippy, Aaron, Moishe, Bruno, Emile y Bernard.

Habilidades: tienen fuerza monstruosa y un gran apetito; pueden hacer las fiestas más sorprendentes.

Debilidades: a veces se sienten solos o aburridos, y la única forma que conocen para mostrar cariño es comerse aquello que aman.

Zombis

También conocidos como:
Cuerpos sin alma, Caminantes y No muertos.

Tipo:
muertos vivientes.

Hábitat: cualquier ciudad que ha sido víctima de un virus u otra causa —como una invasión extraterrestre— que provoca que los muertos revivan.

Alimentación: carne humana fresca. Si son cerebros, mucho mejor.

Tamaño: varía tanto como lo hace un ser humano de otro, incluso pueden ser animales.

Visto en: el videojuego *Plantas vs Zombies*; en el libro *Guerra mundial Z* y en la serie *The Walking Dead*. Son igual de famosos que los vampiros.

Características: a menudo se les representa como cadáveres en estado de putrefacción, con la carne verde y pegajosa cayéndoseles a pedazos; usan ropas andrajosas y cubiertas de sangre. Algunos ya no tienen el cuerpo completo, les falta un brazo, un ojo, una pierna o la quijada.

Habilidades: son inmunes a casi cualquier ataque; no sienten emoción, compasión ni dolor alguno porque ya están muertos. Sus sentidos son afilados y pueden detectar cualquier pequeño movimiento o sonido. Siempre están hambrientos y cuando atacan en manada se vuelven imparables y salvajes.

Debilidades: son tontos y lentos, sus cuerpos en descomposición suelen estorbarles y es normal que vayan dejando dedos y otros miembros tirados por ahí. Destrozar lo que queda de su cerebro es la única forma de detenerlos, aunque el fuego a veces sirve. ➵

ilustraciones
Ana Chavana

Colofón

Este libro fue impreso y terminado en los talleres de Litográfica Ingramex S.A de C.V, en el mes de noviembre de 2018.

Se formó con las familias tipográficas Hatter Display y Futura Std.

Equipo editorial

Dirección editorial: María del Pilar Montes de Oca Sicilia

Dirección de arte: Victoria García Jolly

Edición: Fernando Montes de Oca Sicilia

Edición y corrección: Bricia Martínez Martínez

Diseño editorial: Jorge Ángeles Marcial

Formación: Leilani Aguilar, Gabriela Belmont, Karen Cartas y Alberto Ortiz

Redacción: Carlos Bautista Rojas y Mariana Rodríguez Jurado